ゴルフの謎は
すでにこんなにも
解き明かされている

世界のスポーツ科学が証明する

ゴルフ 新上達法則

THE EVIDENCE OF GOLF

Swing Evidence 1

左ヒジの〝引け〟を直すには本能的な動きを刷り直す必要がある

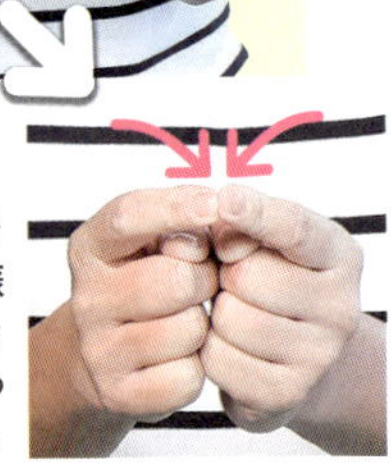

両手の人さし指を同時に右、左と振ろうとしても動きが速くなるといつの間にかぶつかる

腕を速く振ると内に返す動きが出るためヒジが引ける

「自然に行なうとそうなりやすい」動きのパターンを人間は生まれながらにもっている。ミスショットにつながるインパクトでの左ヒジの引けの原因もその可能性がある。それを直すには特別な訓練が必要だ。

詳細は24ページから

左右の腕の協調性を高めるエクササイズ

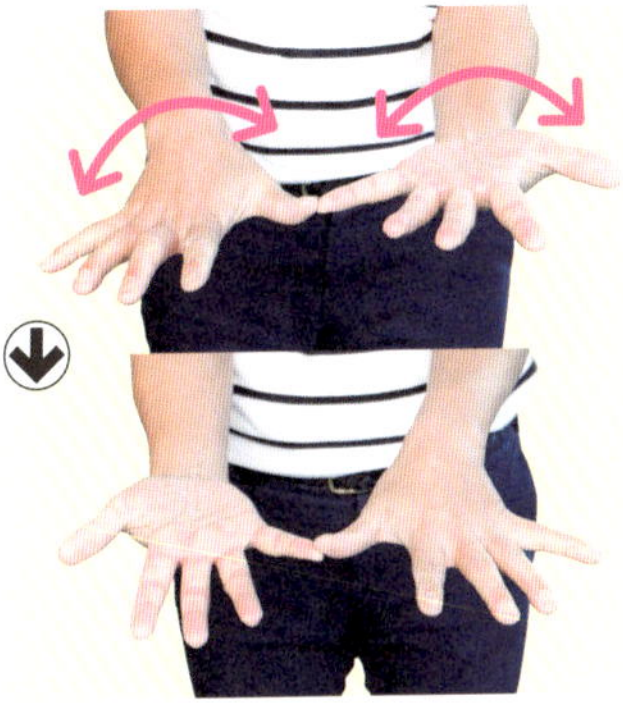

●逆位相での手の返し（ヒジから先の動き）

①ヒジをカラダの横につけて手を前に出した「小さく前へならえ」の形を作り、右手は手のひらを上、左手は手のひらを下に向けておく
②両手を同時に返し（右手は手のひらを下、左手は手のひらが上を向くように）、戻す
③だんだん速くしていく

●逆位相での手の返し（肩甲骨からの動き）

①腕を伸ばし、肩の高さに上げ、両手のひらは上と同じにする
②両手を同時に返し、戻す
③だんだん速くしていく
④腕をカラダの右側に伸ばして手を返す（写真下。左でも行なう）

●クラブを持って両手を返す動きを作る

①クラブを持って同じように両手を返す
②カラダの右側、左側でも行なう

左右の腕の独立性を高めるコオーディネーショントレーニングや左手の機能を高めることで左ヒジの引けの原因を解消できる。

Swing Evidence 2

アベレージゴルファーの体重移動はタイミングが遅い

図1

左足の床反力測定結果

アベレージのほうがトップで左足の加重が少なく（それだけ右足に体重を移している）、インパクトではより多く左足に荷重している

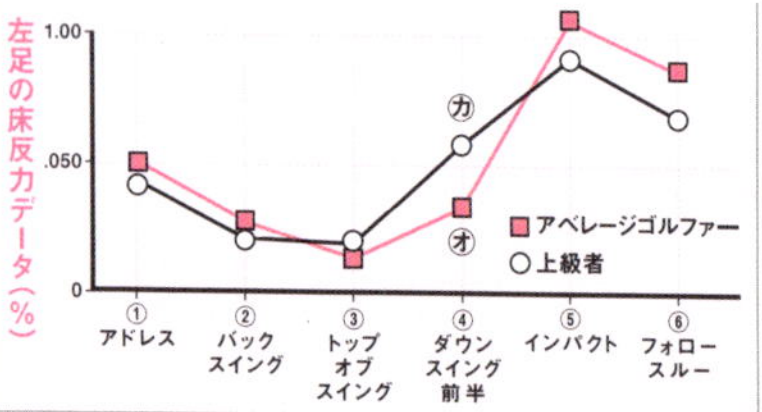

図2

右足の床反力測定結果

上級者のほうが右足に体重を乗せるタイミングが早く、加重も大きい。逆にインパクトでは右足に残した加重がアベレージよりも大きい

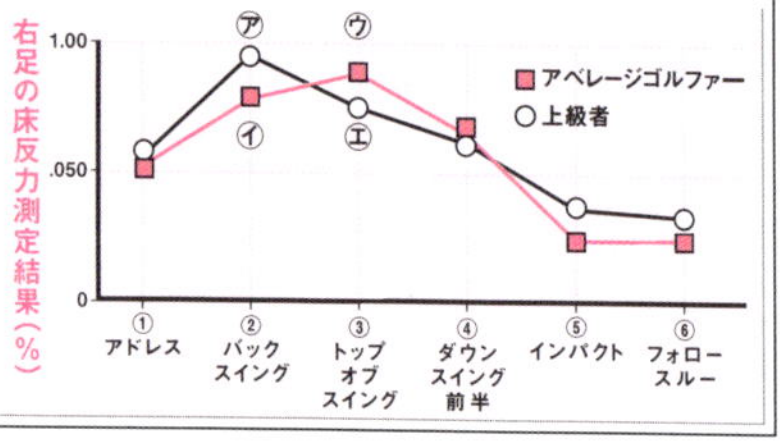

アベレージゴルファーのほうがトップで右足、インパクトで左足の加重が大きいことが判明。違いはタイミングにあり、上級者がトップに上がる前に左へ踏み込んでいる事実に要注目。

詳細は30ページから

体重移動のタイミングを改善するドリル

●バックスイング時の体重移動を身につける練習法

①足を閉じてアドレスする
②右足を50センチほど飛球線後方側に踏み込んでからバックスイングを開始する
※必ず右足を踏み込んだ後にクラブを動かし始めること
③そのまま勢いにまかせてショット

●ダウンスイング時の体重移動を身につける練習法

①足を閉じてアドレスする
②バックスイングを始めると同時に左足を飛球線側に50センチほど踏み込む
※必ずクラブがまだ上がっている段階で左足を踏み込む
③そのまま勢いにまかせてショット
※ボールを打たずに素振りだけでも効果的

一般ゴルファーは体重移動しているのだが、タイミングが間違っている。左右の加重量をスイングの局面（①アドレス、②バックスイング、③トップ、④ダウンスイング前半、⑤インパクト、⑥フォロースルー）ごとに測定すると、上級者はバックスイングの途中で右足の加重が最大となり、トップの瞬間にはすでに加重が小さくなっている。そのかわりダウンスングの早い段階でかなり左足に乗りはじめている。

Swing Evidence 3

上級者は切り返し後に一瞬脱力していた

図3

ハンディキャップ0のゴルファーのグリップ力の変動パターンとそれに該当するスイング局面

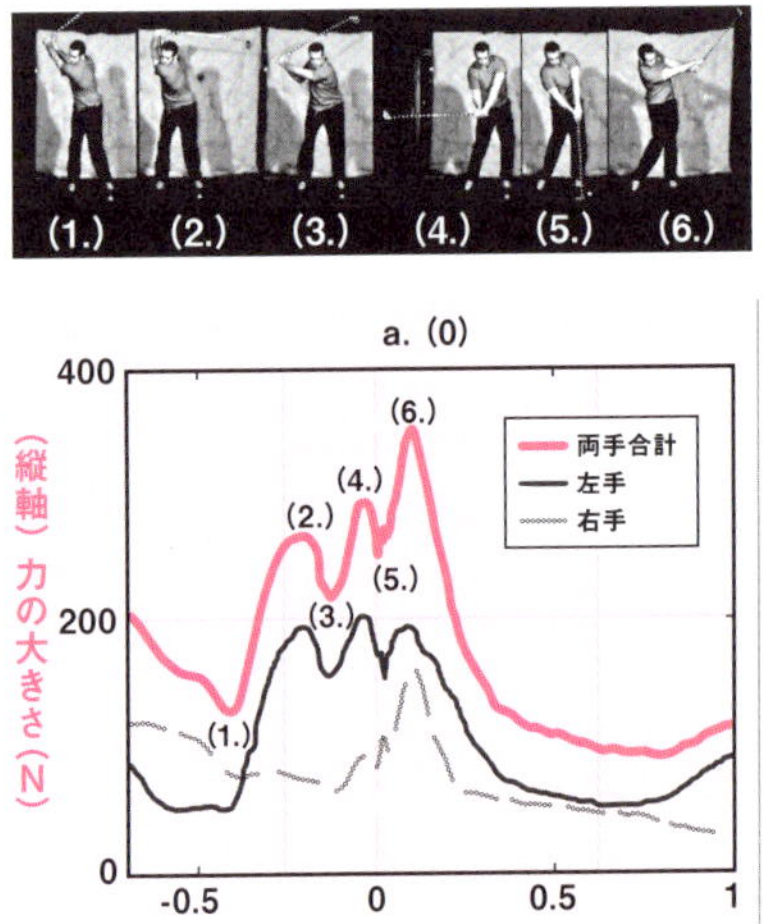

（横軸）時間
（0がインパクトで、左がバックスイング～ダウンスイング、右がフォロースルー）

グリッププレッシャーはトップ（2.）でいったん強まるものの、ダウンスイングの開始時（3.）に一気に低下する。その後、再度強まり、シャフトが水平になった段階（4.）でもう一度ピークを作ると、インパクト（5.）に向けてもう一度プレッシャーが低下する。右手だけに注目すると、切り返しのタイミング（3.）以降徐々にプレッシャーが強まり、フォローで左手のプレッシャーの大きさに近づくが、一貫して左手よりも弱い。

詳細は37ページから

切り返しでの適切なグリッププレッシャーを体得するドリル

●ボールキャッチ&ダウン

ボールを左手に持ってシャドースイングする。バックスイングの終わりにボールを離して放り上げ、落下してくるのを同じく左手でキャッチしてダウンスイングのシャドースイングにつなげる

●トップでグリップを作り直す

グリップを180度回し、トウを手前にして持ち、バックスイング。トップでクラブを正しい向きに戻して握り直してダウンスイング。クラブを投げないように十分注意して行なう

●トップでグリップをゆるめる

クラブを長く持ってバックスイングし、トップでグリップをゆるめてクラブを短く持ち直してから、ダウンスイング

切り返し後にグリップ力をゆるめる感覚をつかむと、上級者のグリッププレッシャー変動パターンに近づいていける。

Swing Evidence 4

ハーフウェイからフォローまで右より左の前腕でクラブを加速する

プロはハーフウェイダウンからフォロースルーの前半まで、右前腕の力を抑え、左前腕の筋肉を使っている

切り返しでは両手の前腕とも力を使わないことが重要

「ダウンスイングは左腕リード」とはよく言われるが、前腕についての結果であるが、筋電図がこの事実を証明した。プロはそのセオリーどおりにスイングしているが、アマチュアは右前腕を使いすぎている。円回内筋《えんかいないきん》という、手を内に返すための筋肉が使われている。

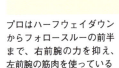

詳細は46ページから

左腕リードの感覚をつかむドリル

●左右それぞれで振る

両手に一本ずつ、クラブをひっくり返しヘッド側を持つ
①両手で同時にバックスイングし
②左手だけダウンスイング
③右手でダウンスイング
↓
30回程度

注：7Iから9I程度の短いクラブを使う。前後の広さに余裕のある場所で行なう。両手を同時に振ってもいい

●左手一本でボールを打つ
↓
30回程度

注：はじめはティーアップして打つ（ケガ防止のため）。まずは小さいスイングから。7Iから9Iを短く持つと負担が軽くなり、打ちやすい

矯正方法については、いま現在、左右の力をどう使っているのかを把握したうえで処方することが大切。この練習は現時点の症状に関わらず、比較的悪影響のないのおすすめのドリル。

Swing Evidence 5

動きがブレても結果をそろえる能力が上達のカギ

環境適応力を強化するドリル

ボールの位置を左右にずらしたり、ボールとの間隔を変えて打つ練習で、調整能力は高まっていく。マットの向きに関係なく狙う方向を変えたり、傾斜したライでも練習を重ねたい

安定した結果を残すために、スイングの些細な部分まで再現性を高めるという発想は間違い。動きにはブレが出るのが普通。それでも打球結果に影響を出さない“微調整”能力が大切なのだ。

詳細は69ページ&76ページから

Swing Evidence 6

注意の向け方をどこに合わせるかで結果は変わる

"バッターボックス"の外と内で焦点を変える

ボールに対してセットアップするエリアを「外部焦点ステージ」とする。そこに入る前は「内部焦点ステージ」なのでカラダの内部に意識を向け、動きのチェックなどをしていいが、外部焦点ステージに入ったら意識の向け方をターゲットや弾道に変える

「ターゲットに意識を向け、細かな動きを考えずにプレーに臨むべし」というセオリーがあるが、すべてのプレーや全ゴルファーに当てはまるわけではないことを実験が証明した。自分の内側に注意を向ける＝内部焦点と、自分の外側に注意を向ける＝外部焦点の両者を使い分けるとスコアはよくなる。

Putting Evidence 1

バックスイングを必要最小限にし誤差を最小にする

プロと初級者に右打ちと左打ちをさせ、ストロークの動きを調べた。実験結果で出た違いは、プロの右打ちのバックスイングが小さかった点だ。つまり練習しなければ動きは振り子に近いものだが、練習を積むほどバックスイングを小さくしていく傾向が出てくる。もちろん、そのほうが入るからだ。そしてそのうえで「振り子イメージ」がミス防止に役立っている。

図 4

プロと初心者の左右打ちのパターヘッドの動きの違い

バックスイングとフォロースルーの距離

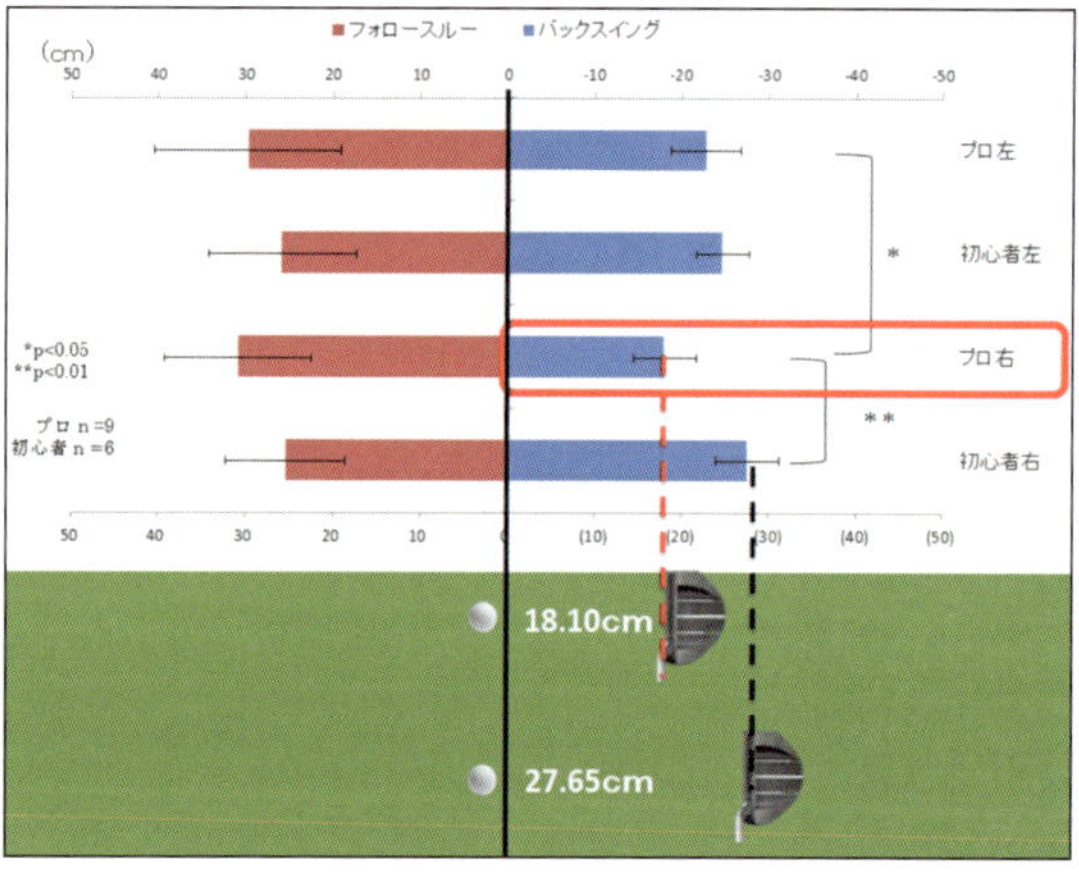

プロの右打ちだけがバックスイングの大きさがとりわけ小さい。プロの左打ち、アマチュアの左右とも振り子のようなストロークだが、プロが“勝負のために磨いた”パッティングの結論は、振り子ではなかったということだ

詳細は96ページから

プロのパッティングストロークを身につけるドリル

●バックスイングをとらずに3メートル転がす

バックスイングせず、インパクトの形からフォローを出して転がす

●クラブヘッド後方20～30センチの位置から打つ

ボールを置いた後方約20センチの位置からストロークを始めて、2メートル転がす

バックスイングの動きが小さいほど、インパクトでブレが出る確率を減らせる。だが、振り幅が小さくなるほど打ち急ぎや、パンチを入れるなどのエラーが生じやすくもなる。それを防ぐのが振り子のイメージだ。

Putting Evidence 2

スライスラインの3メートル以内はカップを見て打つほうが入る可能性がある

ターゲットを見て打つか、ボールを見て打つか

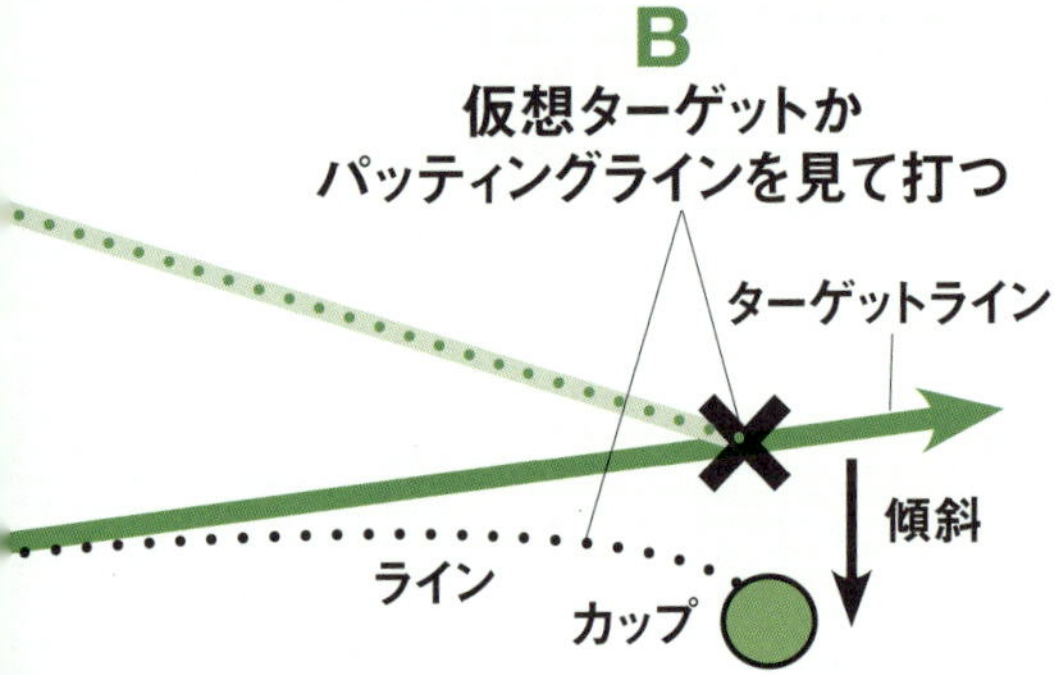

図6

ボールを見て打つ方法とターゲットを見て打つ方法のライン別のカップイン率

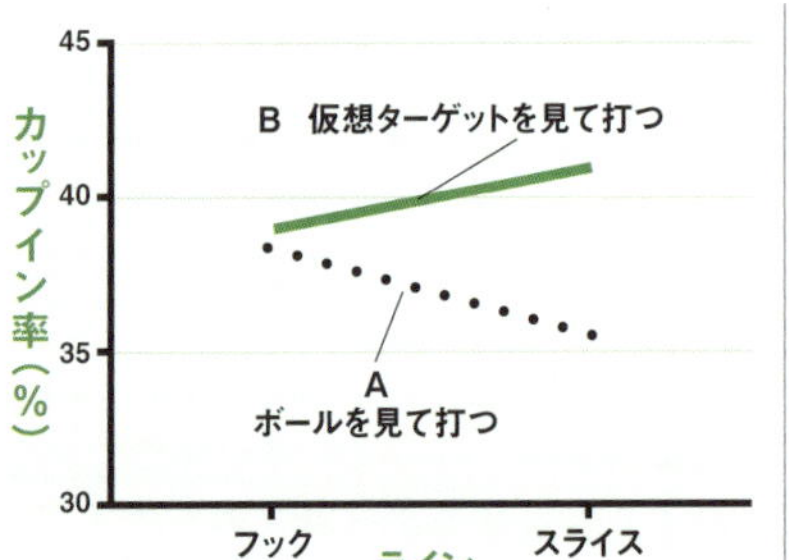

フックラインではあまり差が出ていないが、スライスラインではターゲットを見ながら打つほうのカップイン率が高くなった

詳細は104ページから

経験豊富なゴルファーたちにボールを見ながらと、カップ（またはライン）を見ながらの２種類の方法でパッティングさせた。その実験結果でわかったのは、3メートル以内ではターゲットを見たほうがカップイン率が高く、さらにスライスラインの場合にその優位性が高まることだった。

図 5

カップを見て打つストロークとボールを見て打つストロークのメリットを両どりする方法

カップ方向を見てからボールに視線を戻すと同時にバックスイングを開始する

詳細は112ページから

Putting Evidence
3

ストローク中の頭はクラブと反対方向に動く

クラブと頭のバランスのとり合いを体得するドリル

イスに腰掛けるか、地面に尻をつけ、足を浮かせてパターを左右に動かすと、バランスをとるために頭と足がパターと反対方向に動く。この感覚を生かしてストロークを作る

動きを詳細に調べるとパターと反対方向に頭が動いていることが判明

実験してみるとプロの頭は上下にも左右にも動いていた。注目すべきは、プロの頭がパターヘッドと反対方向に動いていたこと。ただし自分自身では「動かさない」意識でそうなることがカギ。自分では動かさないつもりで、この理想の動きが出てくるための方法を紹介する。

まえがき

ゴルフリテラシー！

ゴルフの上達方法に関してこれだけ情報があふれる現代において、「ゴルフ技術は現場に出向き、少ない情報から見て盗むもの」という考え方は過去の話となっています。現代では、インターネットなどの普及により、さまざまな情報が容易に手に入りますが、その弊害として、情報過多に陥り、何が真実の情報なのかを見分けることがたいへん困難になってもいます。

たとえば、ユーチューブなどで〝ゴルフ上達法〟と検索してみると、有資格者のプロから自称プロ、または運動指導者までさまざまな人物が、さまざまな方法で論を展開する膨大な数の映像を見ることができます。これでは多くのゴルファーを困惑させてしまう原因になってしまいます。

現代において求められているのは、多過ぎる情報に対して「自分に必要な情報を探すことができる能力」、次に「見つけた情報が正しいか分析し、判断できる能力」、そして「その情報を理解して活用する能力」です。昨今、このような情報などの適切な選択、分析、理解、活用を「リテラシー（literacy）」と呼んでいます。ゴルフにおいても例外ではなく、膨大なゴルフに関する情報を整理し活用する能力、つまり「ゴルフリテラシー」が必要な時代に入っているのです。

本書では、各項目とも最初に、信頼性の高い論文の紹介をしています。次に、その研究結果について、その内容をそのまま踏襲するという立場ではなく、否定的な視点も持ち合わせながら、読者のみなさんの利益になることを念頭に解説しています。そして最後にそこまでの分析を元にした、一般ゴルファーのための活用法を提案しています。

できるかぎりリテラシーの概念に沿った流れで書くように努力しました。今までにないスタイルのゴルフ書籍になっています。そのため、出版社の方や共著者の一川氏、著書内で登場する先生方の多大な協力がなければ出版に至ることができませんでした。また、私が今まで出会ってきた一人ひとりのゴルファーから得た多くの気づきが私の財産として本書にも活用されています。この場を借りてみなさまに感謝申し上げます。

私自身は学者になったわけでもなく、机上でゴルフをするわけでもありません。日々、目の前にいるゴルファーを救うことができない悔しさと葛藤していくことが最も重要と思っております。そのなかから上達への気づきを得て、今後のさらなるゴルフの研究に活かし、ゴルフ界に貢献していくことを誓います。

2018年1月　鈴木タケル

目次 CONTENTS

ゴルフの謎はすでにこんなにも解き明かされている

第1章

あなたの頭に巣くう誤解の数々を解き明かすスイングのエビデンスとその活用法

第2章

編集協力　長沢 潤
写真　高橋淳司
装丁・本文デザイン　鈴木事務所
DTP　加藤一来
取材協力　トーキョージャンボゴルフセンター

第1章

あなたの頭に巣くう誤解の数々を解き明かすスイングのエビデンスとその活用法

Subject #1

左ヒジの〝引け〟改善には運動パターンの再構築が必要

左ヒジの〝引け〟はクラブの自然なローテーションを妨げている

ゴルフスイングは本当に人それぞれ、個性が多様です。それに応じて、「スイング理論」も多種多様に存在しています。どれが効果をあげるのかは、個人個人により違います。

私も指導者として、多くのクセや特徴を目にしてきました。それらがポジティブに作用する場合も少なくはありませんが、やはり多いのはネガティブに作用するケースです。

ネガティブに作用するタイプの代表例として、インパクトでの「左ヒジの引け」が挙げられます。ゴルフスイングに関する多くの身体機能の研究を行なっている世界最先端の教育組織タイトリスト・パフォーマンス・インスティテュート（ＴＰＩ）では、ゴルファーにとって最も起こりやすいエラーパターンを「ＢＩＧ12」と称し、その12種類を類型化しています。その中に、インパクトで左ヒジが引けるエラーも入っており、「チキンウイング」と称されています。３４６名の一般ゴルファーを対象にしたＴＰＩの調査では、全体の35・55％を占める１２３名がチキンウイングであったと報告されていました。

ＴＰＩでは、チキンウイングの原因として、右打ちの場合の左腕の関節可動域の狭さや、筋肉の機能制限により、左腕が肩を中心に回旋できなくなっていることを指摘しています。また、ダウンスイングでの動作の順序が間違っていること（下半身からではなく右手の力で下ろす）などによっても引き起こされるとしています。

ここでは、左ヒジが引ける原因について、エビデンスを考慮しつつ、エビデンスがまだとれていないことも含めた私の推測を説明したいと思います。

ジョーダン・スピースはチキンウイングに似た形でインパクトして結果を残しているが……

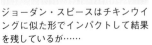

「相転移現象《そうてんいげんしょう》」という本能プログラムのスイッチを切る

相転移現象については、東京大学大学院総合文化研究科工藤和俊准教授が『よくわかるスポーツ心理学』（ミネルヴァ書房）のなかで説明した内容がわかりやすいので紹介します。

両手の人さし指を立てて、車のワイパーのように左右に振ります。振り方は、左右同時に左、同時に右になるような振り方です。これを逆位相と言います。メトロノームによって指定されたテンポで両手の人さし指を振らせますが、徐々にテンポを早くしていくと、逆位相で始めた動作が同位相に変わってしまうのです。同位相とは、左右の指を同時に内、同時に外へと振る動きです。このように逆位相から同位相に変わることを、相転移と言います。（図7「身体運動に潜む複雑系：ストリートダンスが明らかにした全身動作における新たな相転移現象の発見」三浦哲都、工藤和俊他　プレスリリース版より引用　http://www.u-tokyo.ac.jp/public/public01_230808_j.html）。

つまり、最初は左右の指がぶつからないように振られていたのに、動きを速くすると指同士がぶつかるような動きに転じてしまうのです。このような相転移現象は、手や足のさまざまな運動において出現します。が逆に、同位相の動きから始めた場合には、逆位相に転移するという現象は確認できないと説明しています。

　しかも、相転移現象を起こさないように努力をしても、意図に反して相転移が生じてしまうのです。そのことから、相転移現象は生得的に安定している、つまり自然に行なうとそうなりやすい、という類いの動きだということです。

　私はこれを、チキンウイングの原因ではないかとにらんでいます。

　ダウンスイングからインパクトに向かっては、右打ちのリードアームである左手は回外および肩関節からの外旋の動きになります(手のひらが上を向く方向にねじれる動き)。トレイルアームである右手の動きは、回内および内旋の動きとなります（手のひらが下を向

図7

両手協調および知覚-運動協調における相転移現象(Kelso, 1981)

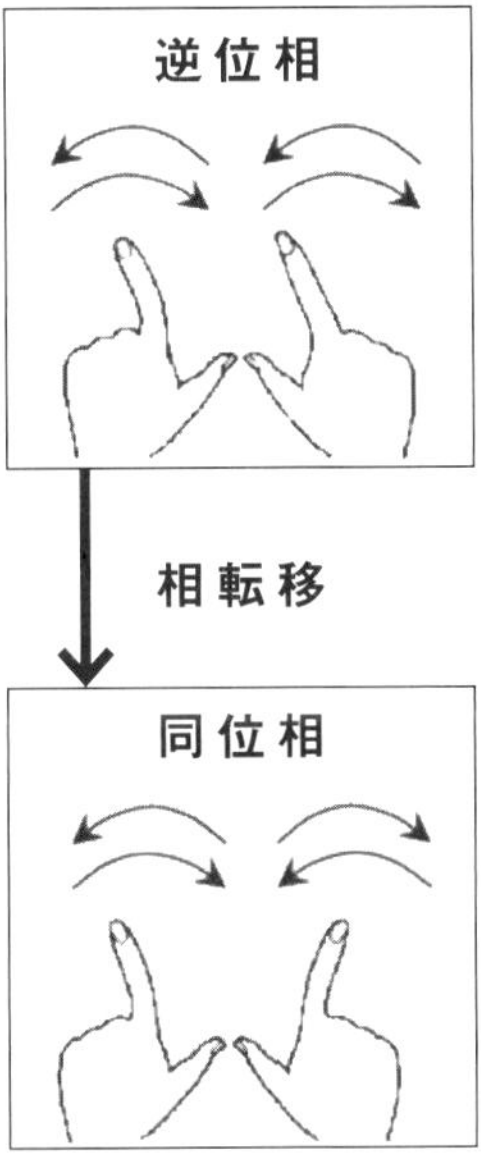

はじめに、両手の指を遅いテンポで同時に左右に振り（逆位相動作）、徐々にテンポを早くしていくと、両手指が同時に内側 - 外側へ動くというパターン（同位相動作）に変化する

この研究でわかったこと

手や足のさまざまな動きに出てくる相転移という現象がある。ダウンスイングにおいて、右腕と左腕の動きのなかでこれが現れてくることは十分に考えられる。それが左ヒジの引けの原因となっている可能性がある。

く方向にねじれる動き）。

ダウンスイングからインパクトでは、指の相転移現象とは違って周期的な運動ではありませんが、速度が増大する局面という点では相転移現象が起きる可能性があります。すなわち、**ダウンスイングでの速度の増加にともなって、人間が生得的に持ち合わせている動きとして、左右の手が、同位相の動きに転じてしまう可能性があるのです。**つまり、右腕でクラブを返そうとする動きが左腕にも転移し、左腕も内向きに（手のひらを下にする方向へ）ねじる動きになってしまう結果、左ヒジが曲がり、そして引ける、という可能性です。

前述の三浦先生、工藤先生らによる研究は、ストリートダンスにおける考察でしたが、初心者のダンスがぎこちなく不自然に見えるのは、生得的な運動パターンに縛られており、動きが限定されていることが一因となっているとし、対照的に熟練者はこのような制約から解放されているため、多様で洗練された表現を可能にしていると述べています。

そのうえで、望ましくない運動パターンや相転移の発現を抑えるには、生得的に安定している構造を変化させることの必要性を示唆しています。

その示唆をとりいれれば、チキンウイングに悩まされている原因は、人間が生得的に持っている機能に縛られているからだ、という推論に行き着きます。**この動きは、左右腕のコオーディネーション（協調性）における問題と考えられますので、それぞれの腕の独立性を高めるコオーディネーショントレーニングが有効になる可能性があります。**

また、左手の機能を高める（意のままに動くようにする）ことにより改善できる可能性もあります。3ページで紹介したエクササイズを試して、生得的にもっている機能からダウンスイングでの左腕を解放すれば、よりよいゴルフができるはずです。

［引用文献］
1. 中込四郎, 伊藤豊彦, & 山本裕二. (2012). よくわかるスポーツ心理学.ミネルヴァ書房
2. Miura, A., Kudo, K., Ohtsuki, T., & Kanehisa, H. (2011). Coordination modes in sensorimotor synchronization of whole-body movement: a study of street dancers and non-dancers. Human Movement Science, 30(6), 1260-1271.

Subject # 2

プロに比べアマチュアは右足に体重を乗せ過ぎ、左足に移動するのが遅い

体重移動におけるプロとアマの最大の違いはタイミングにある

ほんとうのところ、体重移動ってどう動くのが正解なのか？　プロのようにそれを飛距離アップにつなげるにはどのように動けばよいのか？　練習場では何となくうまくいってもコースでさまざまな状況に遭遇すると途端によくわからなくなってしまうなど、体重移動というテーマは多くのゴルファーを苦しめています。

ここでは、運動者自身が主観として感じとる運動感覚つまり「動感」と、精密な計測器での「客観データ」とが混同されてしまっていて、ゴルフ雑誌やレッスン場面においても

多くの混乱が生じています。

左足に加重する理論が注目されたことがありましたが、はたして実践者の選手は本当にスイング中に左足に多く加重していたのでしょうか？　確かに見た目にはアドレスでの加重は左足でしたが、私の知るかぎり詳細なデータやそれらを統合的に研究した論文はなく、実際のところは不明です。

プロゴルファーであっても、主観と客観ではズレがあります。左足加重のスイングで優勝した選手が「左足加重にして調子がよくなりました」とコメントしたとします。「なるほどそうか。左足加重にすればよいのか！」と誰もが考えてよいのでしょうか？

そもそも、この選手はどのくらいの客観的数値で左足加重に変更したのでしょうか。もしかすると、それまでより左足加重が多くなっただけで、実際は左右の足に五分五分になってバランスがとれただけ、もしくは右足加重が弱まっただけのこと、という可能性もあります。

このような主観と客観の混同がスイングについてのさまざまなトピックで何度も何度も繰り返され、そのたびに多くのアマチュアは混乱してしまうのです。**ゴルフではこうでなくてはダメということなど何もなく、体重移動にしてもいろいろな方法があるというだけ**のことなのです。

さて、ここで紹介するのはアメリカの大学で教員をし、博士号を取得した日本人研究者の論文です。私の知るかぎり、ゴルフにおいて実践と研究をつなごうとしている日本の数少ない優れた研究者で、現在は東京国際大学で教授を務めている奥田功夫先生です。

2010年に発表された「熟練者と低技能者の体幹回転と体重移動パターン」という論文なのですが、そのなかから体重移動についての部分に絞って紹介します。

実験参加者は13人の上級者（ハンディキャップ5以下）と、17人のアベレージゴルファー（ハンディキャップ20〜36）。全員が右打ちです。

研究室内でゴルフ練習用ネットのターゲットに向かってドライバーで5回のフルショットスイングをしてもらい、そのスイング中の床反力（簡単に言えば、地面を押す力に対し、反作用として押し返す力）のデータを測定しています。測定に使ったのは2プレートフォースプラットフォームシステムという装置で、左右の足に作用する反作用力を個別に記録することができるため、ゴルファーの体重移動パターンを分析できます。スイングを6場面（図8）に分け、各場面での床反力を比較しました。

図8

左右それぞれの床反力を測定したスイングの局面

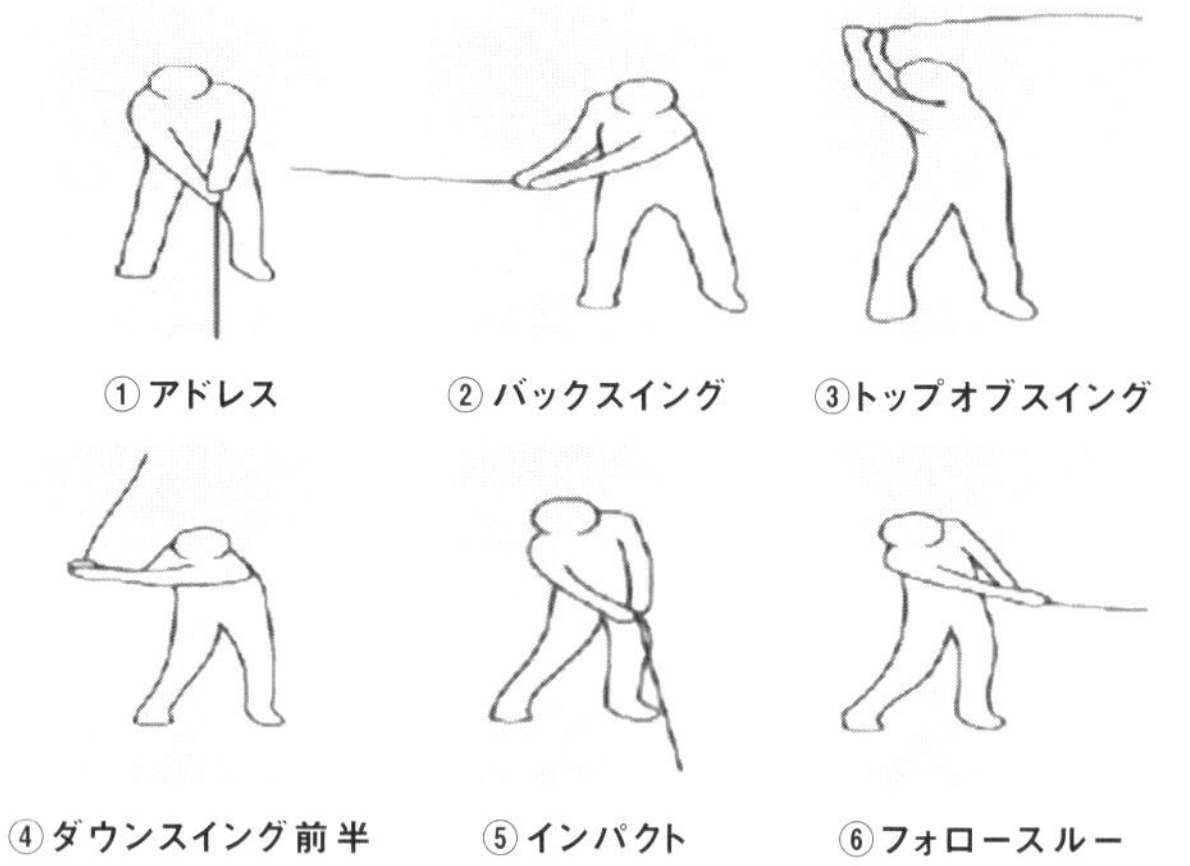

アベレージゴルファーは大きく体重移動しようと意識して、トップのタイミングではプロよりも右足に多くの体重を乗せている

上級者は、クラブと上半身がまだバックスイングをしているタイミングで、下半身が先に左への体重移動を始めている

アマチュアのほうが多く体重移動している！

この測定の結果、次のことがわかりました。

バックスイングにおいて、上級者は92パーセント右足（右打ちの場合）に体重がかかっており（4ページの図2の㋐）、アベレージゴルファーの76パーセント（同㋑）と比べると、かなり大きい体重移動量だとわかります。

トップオブスイングの右足では、アベレージゴルファーの83パーセント（同㋒）に対し上級者は74パーセント（同㋓）と少なくなっています。

ダウンスイングでの左足の踏み込みは、アベレージゴルファーの33パーセント（同ページの図1の㋔）に対し、上級者は59パーセント（同㋕）と上級者のほうがかなり大きく動いているのです。

表1 上級者とアベレージゴルファーの最大加重の差

	上級者	アベレージゴルファー
左足	1.09	1.13
右足	0.98	0.89

上級者のほうがアベレージゴルファーよりも右足で地面を押す力が大きい。だが、左足での力はアベレージゴルファーのほうがわずかに大きくなっている

プロはつねに動作を先行している結果が体重移動となっている

上級者のトップオブスイングでの右足への加重は74パーセント。アベレージゴルファーは83パーセントとなっています。この数値だけを見ると、アベレージゴルファーのほうが体重移動を大きく行なっているのだと受け取りそうです。

しかし、実際は、体重移動の量は大きな問題ではありません。それよりも、タイミングパターンに注目すべきです。

上級者はバックスイングのあいだにすでに右足に92パーセント加重しています。この割り合いは、アベレージゴルファーのトップでの83パーセントより多い値です。そして、トップに至る前段階ですでに加重が減りはじめているということがポイントです。

この現象は、熟練者はクラブがトップオブスイングに達する前に、次の動作であるダウンスイングに移行していることを表しています。つまり、クラブがまだトップに達していないにも関わらず、下半身はダウンスイングを開始しているということ。アドレスからバックスイングおよびトップオブスイング、さらにはダウンスイングと熟練者の体重移動はつねに動作に対して先行しているのです。

この研究でわかったこと

上級者は、バックスイングの途中で右足への加重が最大となり、クラブがトップへと上がりつつあるタイミングで、すでに体重を左へと移し始める。このように体重移動は、スイング動作に先行して行なわれる。

プロの体重移動のタイミングパターンを身につける練習法は、5ページで紹介しています。

奥田先生は、ゴムホースなどの軟らかい素材を利用した素振りによって体重移動の先行動作を身につける練習を推奨しています。フレックスの軟らかめのシャフトを装着した練習クラブやレディースクラブを打つことにより、トップからの切り返しでのタイミングパターンがより意識できるとも説明されていることを紹介しておきましょう。

[引用論文]

Okuda, I., Gribble, P., & Armstrong, C. (2010). Trunk rotation and weight transfer patterns between skilled and low skilled golfers. Journal of sports science & medicine, 9(1), 127.

Subject # 3

上級者のグリップは切り返し後に一瞬弱まっている

上級者もアベレージゴルファーもスイングを通して左手を強く握っている

グリップを握る強さについてのゴルフの格言も、昔からさまざまなものがあります。現代のプロでもしっかりと握るべしというタイプから、ゆるく握るとよいというタイプまでさまざまです。

日本プロゴルフ協会の『基本ゴルフ教本』のグリップの項（p16～17）によれば、「左手は手首が固くならない程度に握ります」となっており、右手については「腕力、握力の強さがボールを飛ばすもとになるとは限りません。右手が強すぎないように注意しましょう」と説明されています。

右手と左手それぞれのグリップ力に関する主観もまた多様なものがあります。マスターズチャンピオンのフレッド・カプルスが左手をしっかり握ることを推奨しているかと思えば、同じくマスターズチャンピオンのニック・ファルドは右手を重視すると述べています。彼らの発言は、自分の主観＝「動感」を表現したものであり、両方のタイプがあることに疑問はありません。「動感」としては、ほかにも特有の表現で表されるような内容をもっているゴルファーも多くいることでしょう。このような疑問に対し客観的なアプローチで研究を行なったのが、ここで紹介する２００８年に発表された論文です。

タイトルは「ゴルフショット中のグリップ力測定と解析」。方法は、グリップに直接センサー（Tekscan）を巻きつけた場合（写真1）と、両手のゴルフグローブにセンサーを取りつけた場合(写真2）の2条件で、グリップ圧力を測定しました。

参加者はａからｔの20名(うち女性4名＝ｂ・ｎ・ｏ・ｔ）で、全員右打ちゴルファーで、ハンディキャップは0～22とレベルも多様でした。

ドライバーで10球打ったときのグリップ力の強さの推移を計測しています。記録されたデータは、インパクト時の音を同時計測し、それを0秒としてグラフの基準としています(40ページ図9)。

写真1

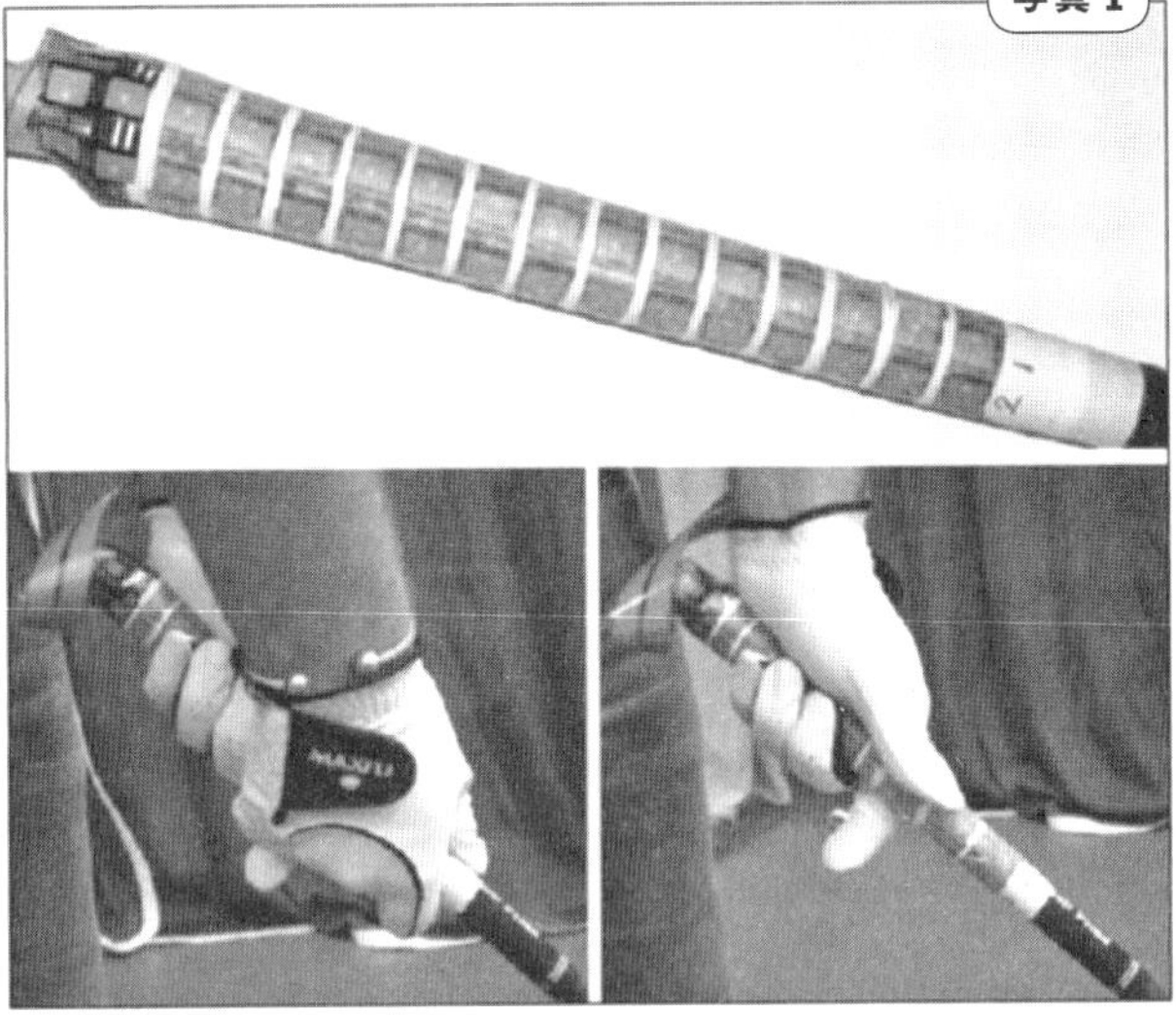

写真2

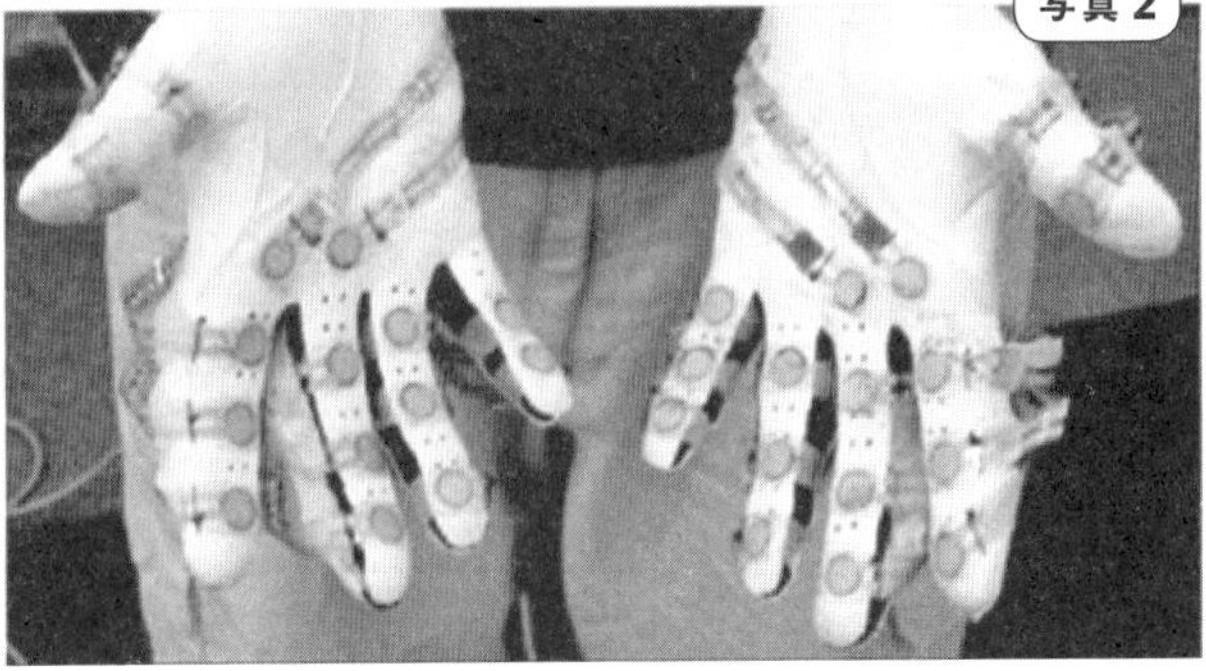

グリップに巻き付けられたセンサーと、両手のグローブに貼られたセンサーでグリップの力の強さをスイングの局面ごとに記録し、比較に使った

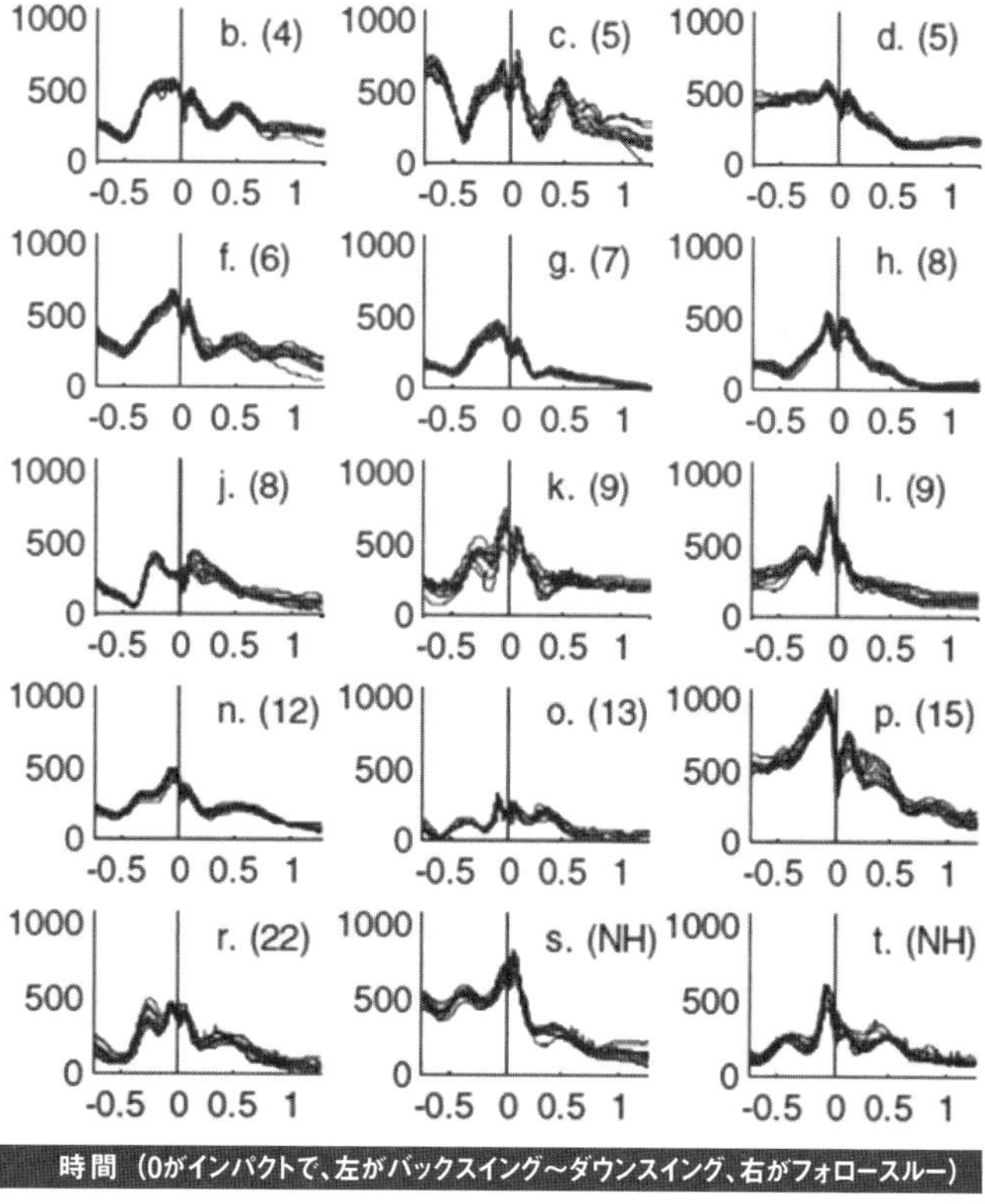

スイング中の左右のグリッププレッシャーの合計値についての変動

グラフ垂直線（0）がインパクトのタイミングで、マイナス側（左）がバックスイング、プラス側（右）はフォロースルー。20人（a〜t）の全10回のスイングの記録を元に作成

※カッコ内の数字はハンディキャップ、NH（no handicap）は初心者を表す

レベルを問わず、全員が左手を強く握っていた！

結果はどうだったでしょう。

まず、想定どおりと言いますか、一人ひとりの結果は、それぞれ反復性があり、しかもそれがほかのゴルファーとは異なるパターンを示していました。つまり、ゴルファー一人ひとりが違う特徴をもち、それで安定していたのです。

ではグラフを見ながら、特徴的なパターンを紹介していきましょう。

図9

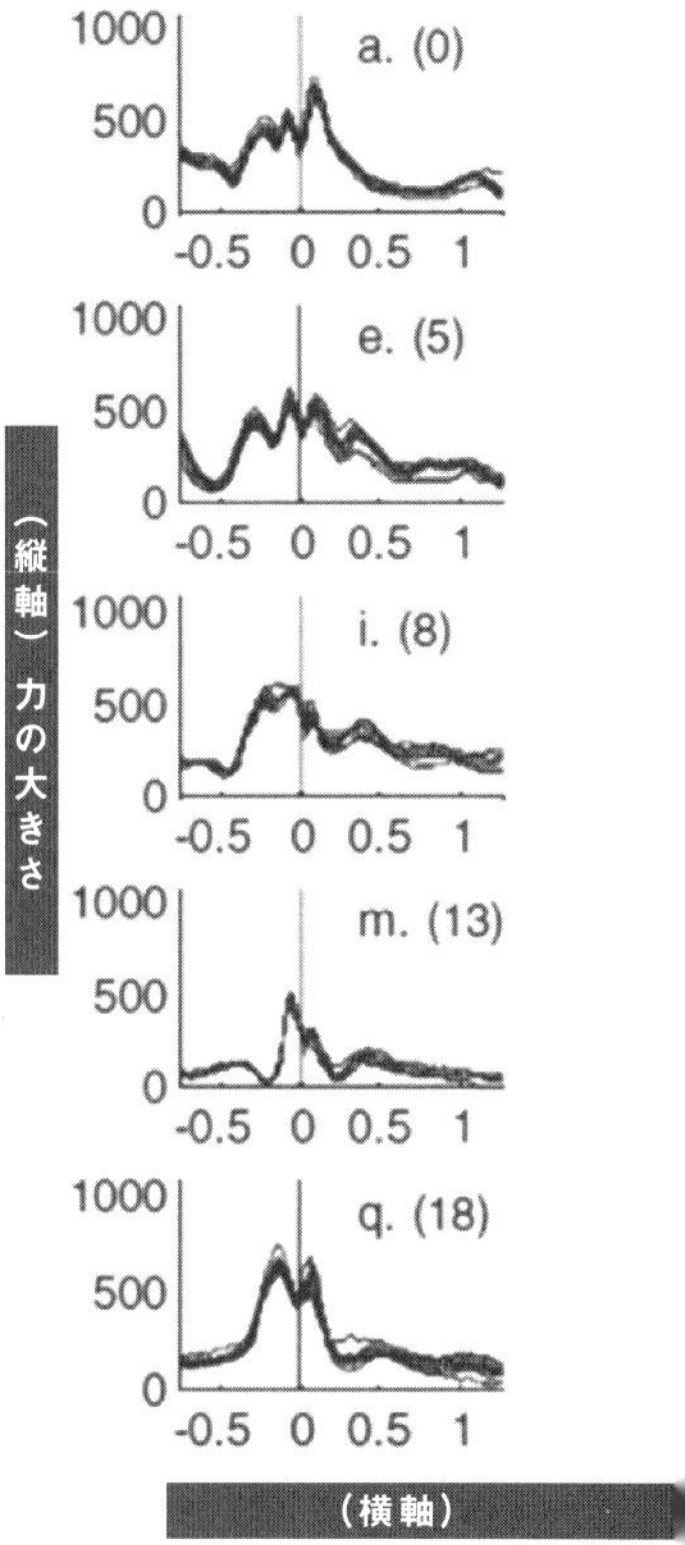

図 10

グリップブレッシャーの変動、両手、右手、左手

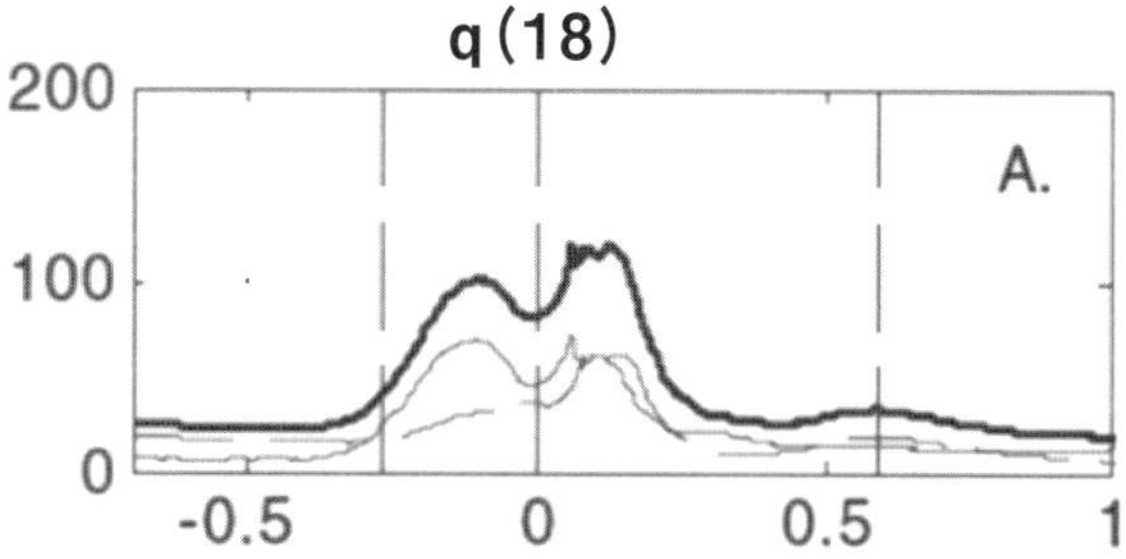

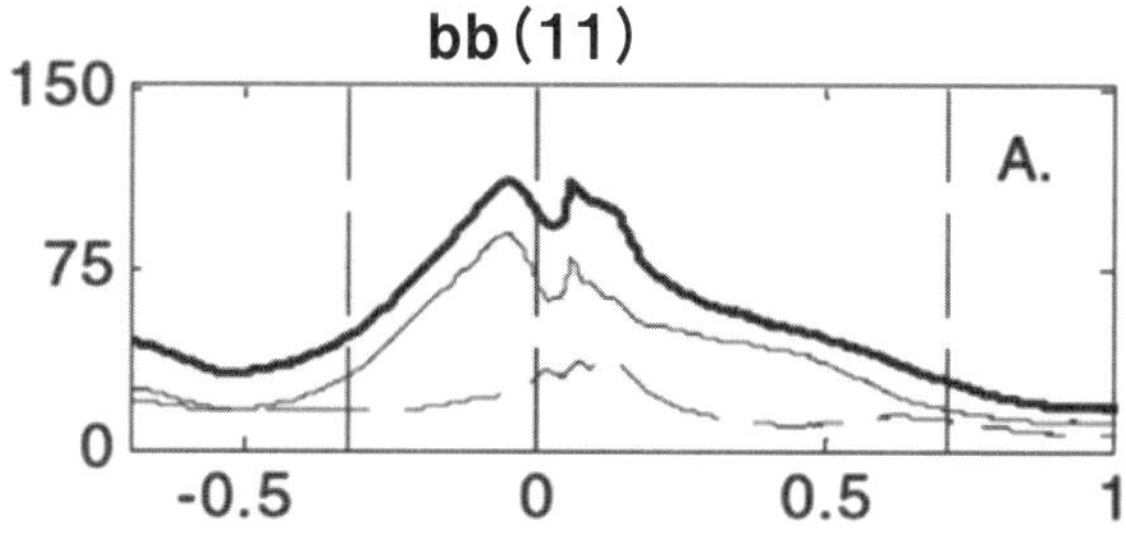

太線は両手の合計力で、細線は左手、点線は右手。この２人だけではなく、全員が左手の力のほうが右手よりも大きかった

※（縦軸）力の大きさ、（横軸）時間（0 がインパクトで、左がバックスイング～ダウンスイング、右がフォロースルー）

※グラフの縦軸（N）は個人によって軸の最大値を変えて表示

全20人の参加者が、それぞれグリップ力推移の個々の特徴をもっていたのですが、なかでも、インパクト前にピークを2回迎えるタイプ（二峰性型）が多かったことが指摘されています（図9）。

またレベルに関わらず、どのゴルファーもスイング中のグリップ力は右手よりも左手のほうが上回る傾向にあったことも判明しています。この論文の中でわかりやすい例として紹介されていたふたつのグラフ（図10）を引用しておきます。参加者q（ハンディキャップ18）とデータを集計した20人には含まれていない参加者bb（同11）の実験結果です。

この研究でわかったこと

- ●ゴルファー一人ひとりが違う特徴をもっている。
- ●レベルに関わらず、どのゴルファーもスイング中のグリップ力は右手よりも左手のほうが上回っている。
- ●上級者はダウンスイング中に一度グリップ力が抜けたような状態を作り出し、その後インパクトを迎える。
- ●上級者はインパクト付近では右手のグリップ力をほとんど発揮していない。

上級者は左右の手のプレッシャー推移がまったく異なる

6ページの図3は、図9でのハンディキャップ0のゴルファー（a）のグラフと連続写真での6カ所のスイング段階に対応したグラフです。この参加者のような上級者では（3.）のダウンスイング中に一度グリップ力が抜けたような状態を作り出し、その後インパクトを迎えていることが特徴的です。

研究データによると、このハンディキャップ0のゴルファーは、インパクト付近では右

切り返しでは右手の力を使わないことで、アーリーリリースを防ぐなど、理想的なクラブの動きを導けることは昔から言われている。が、上級者のデータを見ると、左手のプレッシャーについても切り返しで弱まるタイミングがあることがわかる

上級者の中には、インパクトのときに右手のグリップを半ば離した形になっている人もいる。右手を使ってインパクトの瞬間付近では力を発揮していないことがわかる

手のグリップ力をほとんど発揮していないことがわかります。そしてそれは、このゴルファーにかぎらず、上級者には共通してみられるパターンと思われます。「右手主導で打つ」とか「右手で叩く」といった動感をもつプロゴルファーでも、実際は右手でその表現どおりの力を使っているとは考えづらいのです。

大胆に推測すれば、「右手」と表現しながらも、手先の力ではなく、腕や肩甲骨の動きが作り出す力を利用しながら、右腕や右肩の動きを介してインパクトを作るという動き全体を、右手の操作の感覚として集約して感じているのではないでしょうか。

あくまでも、**右手や手先の動きによる力がスイング中に優位でないことは、研究結果からは明らかなのです。**

また、**トップからダウンスイングにかけて一度力が抜けたような状態を作り出していることは、参考にしていいと思われます。**このようにすることで、クラブの動きを邪魔せずに効率よくインパクトを迎えられるのです。

そのような感覚をつかむための練習方法を7ページで紹介しています。「グリップの力を抜かざるを得ない」課題に取り組むことで、その感覚がつかめてくると思います。

［引用論文］
Komi, E. R., Roberts, J. R., & Rothberg, S. J. (2008). Measurement and analysis of grip force during a golf shot. Proceedings of the Institution of Mechanical Engineers, Part P: Journal of Sports Engineering and Technology, 222(1), 23-35.

Subject #4

筋電図は語る！「右腕！」と主張する人も左前腕でクラブを加速している

切り返しで右前腕の力を使わない

「右手は利き手で器用だから悪さをしかねない。だから右は抑え、左で打つ」「利き手で力もあるし微妙な調整もできる。右手で打ちなさい」どちらも一理ありますよね。

ゴルフ雑誌でもよくとりあげられるトピックですが、プロゴルファーでも意見の分かれる問題です。どちらを主張する人もいるのですから、どちらもうまくいく可能性があるということかもしれません。「かもしれません」というのは、この点についての正確な調査はなされず、客観的なデータもなかったからです。

しかし、2017年に「プロゴルファーとアマチュアゴルファーの前腕筋の筋電図解析」という論文で、筋電図（EMG）を使った客観的な評価がなされました。さて、答えは出たのでしょうか。

実験に参加したのは、ヒジの痛みやケガおよび障害の既往歴のない男性右利きアマチュアゴルファー10名と、同じく男性右利きプロゴルファー10名でした。左右の前腕に電極を取りつけて、スイング時の各局面に分けて筋活動を計測しています。

結果は、次のようなものです。

①アマチュアゴルファーはトップオブスイングからの切り返し、およびダウンスイング時の加速局面において、右前腕に筋活動の増加が見られた

②プロゴルファーはダウンスイング時の加速局面では左前腕に、より多くの筋活動を生じていた。また、フォロースルーの初期でも筋活動の増加があった

つまり、**アマチュアは、ダウンスイングのはじめに右前腕の筋肉を使っているということ。それに対し、プロはダウンスイングの途中からフォロースルーの早い段階まで、左前腕を使っていたのです。**

この事実は、これまで多くレッスンを受けたりレッスン記事を読んできた人には、ある意味「当たり前」のことかもしれません。しかし、ここに重要な示唆が隠れているのです。

表2 スイングフェーズごとの筋活動の平均値

C 加速局面
（ハーフウェイダウン〜インパクト）

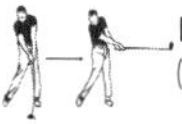

D フォロースルー前半
（インパクト〜シャフトが水平になるまで）

E フォロースルー後半
（シャフトが水平の時点〜フィニッシュ）

C 加速局面	D フォロースルー前半	E フォロースルー後半
62.4 ± 61.8	27.1 ± 25.2	19.4 ± 20.8
94.2 ± 205.3	32.1 ± 54.1	31.1 ± 48.6
88.1 ± 67.3 ＊1	58.1 ± 42.2 ＊2	13.8 ± 10.4
36.3 ± 19.4	28.8 ± 20.9	16.9 ± 11.8
57.7 ± 61.7	28.5 ± 25.1	11.7 ± 12.9 ＊1
51.4 ± 40.6	39.4 ± 21.4	28.0 ± 16.8
63.6 ± 49.1	60.5 ± 38.0	27.3 ± 28.8
88.6 ± 120.7	63.4 ± 74.0	40.8 ± 39.9
41.1 ± 39.9	27.3 ± 24.4	8.1 ± 7.5
105.1 ± 172.9	67.6 ± 120.5	18.1 ± 28.2
53.1 ± 27.5 ＊3	38.4 ± 27.8	16.9 ± 17.2
104.8 ± 80.0	48.9 ± 22.7	29.8 ± 24.7
73.9 ± 74.8	45.2 ± 58.7	29.4 ± 19.9
105.9 ± 107.2	59.6 ± 72.5	39.0 ± 24.0
82.8 ± 146.6	63.5 ± 131.6	25.9 ± 21.3
127.9 ± 125.1	71.4 ± 83.7	36.3 ± 18.8

＊1　P < .05.　＝有意差がある
＊2　P = .06.　＝差異がある傾向に近いが統計的には有意差はない
＊3　P = .08.　＝差異がある傾向に近いが統計的には有意差はない

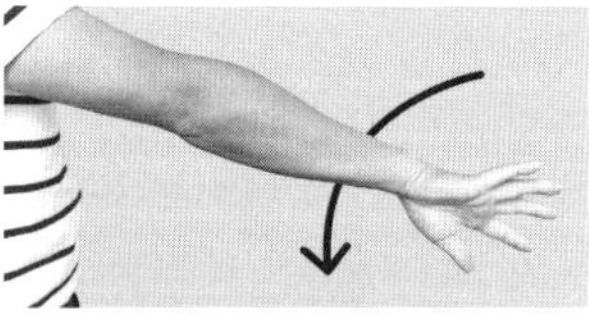

円回内筋は手のひら側に手を返す（回内＝写真）、ヒジを折る（屈曲）ときに使う

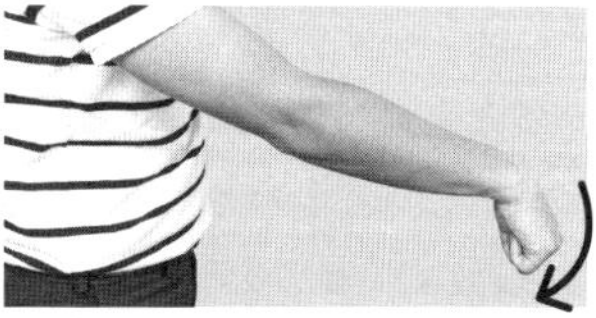

橈側手根屈筋は手のひら側に折る（掌屈＝写真）、親指側に折る（橈屈）、手のひら側に返す（回内）ときに使う

筋電図は誰もが左腕で振り下ろしていることを示した

筋肉			スイングフェーズ A テークアウェイ	スイングフェーズ B フォワードスイング
(右打ちの)左手	短橈側手根伸筋《たんとうそくしゅこんしんきん》	プロ	22.5 ± 17.2	68.8 ± 24.1
		アマ	21.3 ± 23.4	74.2 ± 70.9
	円回内筋《えんかいないきん》	プロ	26.7 ± 16.4	38.8 ± 28.5
		アマ	27.6 ± 18.2	35.8 ± 31.3
	橈側手根屈筋《とうそくしゅこんくっきん》	プロ	18.1 ± 8.3	42.7 ± 46.1
		アマ	28.3 ± 22.5	61.8 ± 47.2
	尺側手根屈筋《しゃくそくしゅこんくっきん》	プロ	56.5 ± 41.7	123.7 ± 108.3
		アマ	38.1 ± 39.7	90.0 ± 76.1
(右打ちの)右手	短橈側手根伸筋	プロ	44.1 ± 29.6	32.9 ± 21.9
		アマ	40.7 ± 25.8	60.3 ± 62.8
	円回内筋	プロ	16.4 ± 12.5	57.4 ± 30.9 ＊1
		アマ	46.3 ± 65.7	120.9 ± 77.6
	橈側手根屈筋	プロ	10.7 ± 7.4	119.8 ± 98.0
		アマ	14.0 ± 8.2	117.6 ± 63.4
	尺側手根屈筋	プロ	17.5 ± 16.7	179.0 ± 189.4
		アマ	20.7 ± 9.7	201.9 ± 139.6

●平均値データの読み方

「22.5±17.2」という表記の場合、平均は22.5で、95.4％（通常2標準偏差）の測定値は平均からプラスマイナス17.2の間にあるという意味

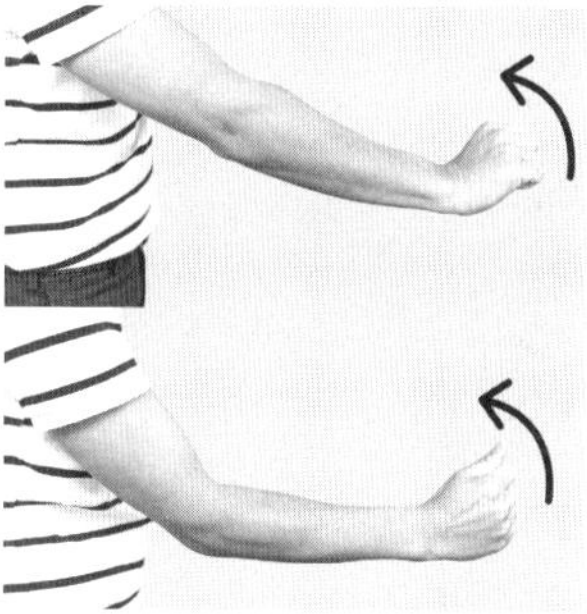

短橈側手根伸筋は手首を甲側に折る（背屈＝写真上）、親指側に折る（橈屈＝写真下）ときに使う

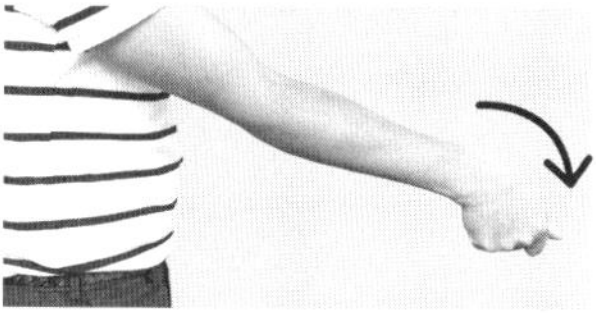

尺側手根屈筋は手のひら側に折る（掌屈）、小指側に折る（尺屈＝写真）ときに使う

加速局面で左前腕を使う

アマチュアは使っているのに、プロが使っていない筋肉とは、フォワードスイング（切り返し〜ハーフウェイダウン）での右の円回内筋《えんかいないきん》でした。つまり、いわゆる「手を返す」力です。このフェーズでその力を使うからこそ、クラブがアウトから下りてくるという説明は一般的ですね。

逆に、プロが使っているのに、アマチュアが使っていない筋肉とは、加速局面（ハーフウェイダウン〜インパクト）の、左のやはり円回内筋でした。しばしば「左腕リードでダウンスイングせよ」というレッスンを聞きますが、それがこの実験で確かめられたことになります。

プロは切り返しでは極力右腕を使わず、ハーフウェイダウン以降は左前腕の力を使ってクラブの動きをリードしている

アマチュアに多く見られる、切り返しで右前腕を使ってアウトサイドからクラブを下ろすエラー

この研究でわかったこと

①アマチュアゴルファーは（右打ちの場合）右前腕でクラブを振っている。
②プロゴルファーは（右打ちの場合）左前腕でダウンスイングを加速させている。その力はフォロースルー前半まで使い続ける。

「事実を知ればそれができるようになる」というわけではない

このような科学データを扱うときの注意点として、「結果」がすべてではないと考えていただきたいとお断りしておきます。

この結果からみると、リードアームである左手から引き下ろすことが（唯一の）正解だと受け止めたくなります（右打ちの場合の右腕、左腕で説明します）。

しかし、「データが、左手で引き下ろすと示している」からといって、左手から下ろすことを強調する打ち方の練習だけをすることは危険なのです。

この実験を行なったプロゴルファー10名全員が客観データの示すとおり、「ダウンスイングを左前腕で下ろし始める意識をもっていた」のでしょうか？　そうともかぎらないのが、現実なのです。プロゴルファーとしての私の経験上言わせていただけば、そんなことを意識していない人のほうがおそらくほとんどであり、逆に、右手で振り下ろす「動感」をもっているプロさえいた可能性だってあるのです。動感とは、簡単に言うと「自分が感じている運動の感覚」のことですが、客観データと主観的な感覚つまり「動感」は必ずしも同じではありません。ですから、事実に即して、左前腕を意識してダウンスイングをし始めれば〝プロの打ち方〟を身につけられるかと言えば、そうともかぎらないのです。

客観と主観が一致しない可能性を考慮する

必要なことは、客観データと主観的な動感を見極めて練習にとりいれることです。

このような科学的研究の結果導かれた「客観的なデータ」がすべてでも、書籍や雑誌でプロや上級者が解説している「主観的な動感」がすべてでもありません。この点に注意をしなければなりせん。どちらも（本書も含め）、情報が一方通行になりがちという傾向が挙げられます。つまり、読者や視聴者は情報を受動的にしか得られませんし、基本的には質問することもできません。自分自身がどのような状態・症状にあるのかが問題なのに、誰かが診断してくれるわけでもありません。

ある人が、この研究結果を受けて、左腕からダウンスイングをしようと練習を開始したとします。そして調子を落としたとします。いったい何が間違っていたのでしょうか？

まず考えられることは、課題の克服について、必要な部分について適切な練習であるにもかかわらず、いまだ問題が改善されていない状態にあるケース。つまり、やろうとしている動きがまだできていない状態（途中段階）です。この場合はそのまま練習を続けていけばよいのでそれほど問題ではありあません。

一方、左腕によるダウンスイングがそもそもできていたのに、さらに意識して練習を繰り返したため動きが過剰となり、エラー動作を生んでしまったケースは深刻な問題となりえます。これは、私が過去に体験してきたレッスン現場でも頻繁に起こっていた問題です。

「左腕で振り下ろす」動きの本当の身につけ方

リードアームである左腕の重要性については、過去のプレーヤーたちの格言も多くありますよね。その重要性はプロゴルファーの〝経験的エビデンス〟と言ってほぼ間違いもいのないものだと思われます。

そのため、以前からさまざまな練習方法が紹介されてきています。しかし、前述したように、「現在の自分の状態に応じた」適切な方法論をとらないかぎり、せっかくの練習法も、それに費やした努力も、無駄となりかねません。

9ページで紹介している練習法は、比較的どの症状のゴルファーが行なった場合でも悪影響は少なく、左腕からダウンスイングする感覚をつかめる方法です。どちらも片手でクラブを持って振るため、安全には十分気をつけて行なってください。また、ティーチングプロによる診断を受けてこうした練習法が必要かどうかを判断してもらうことを強くおすすめします。必要な場合は、導入のタイミングや回数などの指定をもらうとよりいっそうの効果が期待できるでしょう。

［引用論文］
Electromyographic Analysis of Forearm Muscles in Professional and Amateur Golfers
Adam J. Farber, MD, J. Steve Smith, MD, Ronald S. Kvitne, MD, Karen J. Mohr, PT, Steven S. Shin, MD,

Subject # 5

スクワットジャンプが高く跳べる人はボールも遠くへ飛ばせる

捻転のエネルギーよりも上下に動く力のほうが大きい

ゴルフを仕事にするプロゴルファーからゴルフ経験の少ない人まで、誰もが飛距離に対する願望をもったことがあると思います。もしかすると、誰もがつねにもち続けているとさえ言えるのかもしれません。

最大限の飛距離を得るためにはさまざまな要素が必要となってきます。たとえば、クラブヘッドやシャフトなど道具を適切に選び、自分のスイングや環境に合わせておくこと。次にクラブの芯で捕らえられたかというミート率（スマッシュファクター）。さらにクラブを振るときのヘッドスピードを上げることなどがあります。

そのなかでも、ヘッドスピードを上げることとは、ゴルファーの誰しもが抱く強い願望と言えます。速いヘッドスピードから放たれる強烈な迫力のショットにあこがれるゴルファーも多いのではないでしょうか。USPGAツアーの選手たちの多くがそうしたショットで魅せてくれています。

同ツアーのオフィシャルサイトから2017年シーズンのドライビングディスタンスの平均をみると、300ヤードを超える選手が40人以上もいます。1位はローリー・マキロイで317・2ヤード、2位はダスティン・ジョンソンで315・0ヤードでした。飛距離が出ることが競技成績に有利に働いていることはたしかでしょう。2017年の平均スコアは、マキロイが69・529で6位、ジョンソンが69・549で7位でした。

ヘッドスピードについても調べてみると、最も速い選手で57・3メートル毎秒。約200人のデータから真ん中、つまり100位に位置する選手のクラブヘッドスピードは50・2メートル毎秒であり、最下位の選手でも45・2メートル毎秒でした。

では、このように速いヘッドスピードを得るために必要な体力要素とは何なのでしょうか？　ここでとりあげる論文は、PGAツアー選手の体力要素を3種類の簡単に行なえるテストによって調査しています。2016年に発表されたものです。

実験参加者は男子PGAツアーメンバーであり、現役で競技に取り組む選手20名。これを次のように年齢により2グループに分けて実施しています。

①30歳以下のグループ10名＝平均25・6±2・9歳　身長183・45±7・34センチ　体重83・56±7・63キロ
②30歳以上のグループ10名＝平均39・7±5・5歳　身長181・89±7・10センチ　体重98・91±19・70キロ

参加者のクラブヘッドスピードを測定器「GC2」を用いて、屋外にて計測しています。ツアー競技のラウンド終了後30分の休息をとった後に行なわれました。

それぞれの参加者についてA（スクワットジャンプ）、B（シーテッドメディシンボールスロー）、C（ローテーショナルメディシンボールスロー）の3種類の運動種目それぞれについて計測しました。メディシンボールの重量は4キロで、それぞれ3回、計測しています。簡単に説明すると、Aは、しゃがんで跳び上がる力について。Bは、すわった状態で上半身と腕の動きで作れる力について。Cは、捻転で作る力についての測定になります。

ヘッドスピードと関係が深いのは①上下に動く力、②腕を振る力

その結果を表3にまとめました。

ヘッドスピードについて、30歳以下の選手たちが47・99メートル毎秒と、年長者たちの45・40メートル毎秒と比べて速いという結果は、想定どおりでしょう。

そして、それに対応する結果を示したフィジカルテストの項目は、スクワットジャンプでした。

表3の下段の相関係数は、簡単に言うとそれぞれの運動がヘッドスピードの結果とどのくらい結びついているかを表していて、1・0に近いほど、より関係性が高いことを示しています。

その結果、全選手をまとめたデータとしては、スクワットジャンプが0・817と、最も高い数値となっています。次に、シーテッドメディシンボールスロー（0・706）であり、ローテーショナルメディシンボールスロー（0・57）はあまりヘッドスピードには関係がなかったという傾向を示しています。

ヘッドスピードに関与するのは、スクワットジャンプ、つまりしゃがんで跳び上がる脚

表3

3つのフィジカル能力とヘッドスピードとの関係

テスト内容	平均値と標準偏差		
	全選手	30歳以下	30歳以上
CHS	104.8 ± 6.48	107.36 ± 6.07	101.56
SJ	33.4 ± 6.48	35.95 ± 5.95	30.22
SMBT	580.5 ± 49.36	584.55 ± 47.92	580.16 ± 49.33
RMBT	762 ± 107.06	771.36 ± 80.22	762.56 ± 107.06

テスト内容	ヘッドスピードとの相関係数		
	全選手	30歳以下	30歳以上
CHS	—	—	—
SJ	0.817	0.801	0.729
SMBT	0706	0.643	0.881
RMBT	0.57	0.59	0.642

CHS=ヘッドスピード（mph）

SJ=スクワットジャンプ（センチ）

SMBT=シーテッドメディシンボールスロー（センチ）

RMBT=ローテーショナルメディシンボールスロー（センチ）

表の3列が示しているのは、ヘッドスピードに大きく関係するのは、30歳以下の選手においてはスクワットジャンプ、30歳以上の選手においてはシーテッドメディシンボールスローの能力だった。逆にどちらの年代の選手にもローテーショナルメディシンボールスローの能力は飛距離に大きな関与がなかった

［ 引用論文 ］

Lewis, A. L., Ward, N., Bishop, C., Maloney, S., & Turner, A. N. (2016). Determinants of Club Head Speed in PGA Professional Golfers. The Journal of Strength & Conditioning Research, 30(8), 2266-2270.

と下半身の力なのです。その次に影響があるのはシーテッドメディシンボールスロー、つまり単純化して言えば、腕と上半身の力です。30歳以上の選手たちにおいては、こちらの力のほうがスクワットジャンプよりも大きな値を示していることも注目すべきかもしれません。しかしなによりも、**捻転の力がそれほどヘッドスピードに貢献しているわけではないという事実は、ゴルフ界にもっと浸透してもいい情報だと思います。**

筋力をヘッドスピードに結びつけるカギは伸張反射

これらの結果を見れば多くの人が、スクワットジャンプとシーテッドメディシンボールスローをトレーニングすればヘッドスピードが上がると考えるでしょう。しかし、実際はそれらをトレーニングしただけでは、スクワットジャンプとシーテッドメディシンボールスローの記録が伸びるだけで終わる可能性があります。

手順としてはこのふたつの記録が伸びた後、その向上した筋力をヘッドスピードの向上に結びつけるスキルトレーニングが必要になります。そこでは、ゴルフの技術がわかるティーチングプロなどの指導や助言が必須です。

ここでは簡単に触れるだけにとどめておきますが、これらのトレーニングをする際、そ

スクワットジャンプで伸張反射を意識する

スクワットの姿勢をとり（右）、真上に跳び上がる（左）。反動をつける方法とつけない方法があるが、跳び上がろうとする直前にわずかでも反動をつける動きが入るもので、それにより臀部から脚にかけての筋肉に伸張反射が起きている。それを感じ、スイングの動きの中にとりいれる方法を考える

の先の段階で習得しなければならない筋肉の伸び縮み（伸張反射）を理解しておくことが結果を出すためのカギとなります。**伸張反射とは、伸ばされた筋肉が自動的に縮む反応です。この反応を利用し、下半身や体幹の動きを手先へとつなげていく運動連鎖を修得することが求められる**のです。

　こうしたカラダに負荷をかけるトレーニングは、正しいフォームを作って伸張反射をうまく利用しなければ、記録は伸びないどころかケガの可能性もあるため、正しい指導者のもとにトレーニングすることが肝要です。

Subject #6

アドレス前の軽いジャンプでヘッドスピードが上がるかも

スイング前にジャンプすることで筋肉が活性化する

ゴルフは飛距離ではなくスコアを競うものだとわかっていても、いざボールに向かうと飛距離を求めるのがゴルファーの性であり、また、それがゴルフの楽しみでもあります。私のティーチングプロとしての経験のなかでも、最も相談が多いのは飛距離が出なくなったことや飛距離がもっと欲しいといった悩みです。その想いに応える対策は、一朝一夕に結果が出る類いのものではなく、指導者として最も苦労することでもあります。

飛距離を伸ばすための最も代表的な方法は、ヘッドスピードを上げることですが、その方法は世の中にたくさん出回っていますよね。長期的なトレーニングが必要な方法、簡単にできそうな方法、または練習器具を必要とする方法など挙げればキリがないほどです。**しかし、そのほとんどがエビデンス（根拠、立証）をとれていないものばかりです。それは、ヘッドスピードを上げる方法を証明することが非常に困難な課題だからです。**

そこでここでは、エビデンスがとれた数少ない研究を紹介しましょう。しかも短期的な方法で行なえることを実証しているものです。2013年に発表された論文です。

論文のタイトルは「ゴルフクラブヘッドスピードにおけるポストアクチベーション相乗効果の検証」。おもしろそうですね、どんな行動がヘッドスピードを高める動きをアクチベート（活性化）するかという発想のようです。研究の参加者は16名の男性ゴルファーで、その年齢は20・1±3・24歳。ハンディキャップは5・8±2・2でした。

参加者は10分の動的ウォーミングアップ、3球の打撃練習をした後、次の2種類の方法で3球ずつ打ち、ヘッドスピードを計測しています（計測はフライトスコープ）。

①60秒で区切りながら3球を各自のドライバーで打ち、クラブヘッドスピードを計測してその平均値を算出

②最初のショットの60秒前にカウンタームーブメントジャンプ（反動付き垂直跳び）を最大限の力を出す意識をもって3回行なった後、3球を打って計測

“最大限の努力下”で３回ジャンプ！

カウンタームーブメントとは反動をつけること。腕の振りや上半身の動きも使って、最大限高く跳ぼうとして３回跳んだ直後にボールを打たせた実験では、ヘッドスピードが2.2%も向上した

表４ 平常時のスイングと反動付き垂直跳びを行なってからのスイングの速度の違い

平均ヘッドスピードと標準偏差	
ジャンプ前のスイング	47.8 ± 2.95（メートル / 秒）
ジャンプ後のスイング	48.8 ± 3.26（メートル / 秒）

ジャンプ前とあとでは1.0メートル/秒のヘッドスピードの向上が見られた。これは2.2パーセントのアップに相当する

その結果、3回ジャンプしてから打った場合、ヘッドスピードが1・0メートル毎秒（2・25mph）の向上、つまり事前に測定したヘッドスピードから2・2パーセント増加しました。

いいですか。繰り返しますよ。**ドライバーを打つ前に3回のカウンタームーブメントジャンプを行なうことで、飛距離を伸ばせる可能性が見出されたのです。**しかも、この方法は誰でも実行可能です。この論文ではその理由として「カウンタームーブメントジャンプは全身の動きの同調性を高め、地面反力を効率よくスイングのスピードに変換する助けになる」と考察しています。

この研究でわかったこと

反動付き垂直跳び（カウンタームーブメントジャンプ）を行なってから60秒以内にスイングすると、ヘッドスピードが1メートル毎秒、速くなる可能性がある。

畑岡奈紗プロのようにルーティーンに組み込もう

2016年、2017年と日本女子オープンで40年ぶり史上2人目の偉業となる大会連覇を果たした畑岡奈紗プロは、ショットを打つ前のプレショットルーティンにおいて、2~3回ジャンプした後にアドレスをとり、ショットすることで知られています。

このジャンプを多くの評論家は、緊張した場面でのリラックス方法の一種と説明しています。2~3回ジャンプすることで足の裏に意識が向き、地に足がついた感覚を得ることができる効果のほか、肩のリキみを抜くリラクゼーション効果により、いつものとおりにスイングを行ないやすくする面もあると思います。

本人もひとつの儀式的動作として「上半身のリキみを抜くため」と説明しているのですが、それに加え、「自分の場合、これをやっておくと、フィニッシュまで気持ちよく振り切れる」とその効用を語っています。

ボールに向かうと、どうしてもリキんでしまうという人は、畑岡プロのルーティーンを真似してみるといいかもしれません。さらに、**畑岡プロが「気持ちよく振り切れる」と言う意味は、もしかするとヘッドスピード向上の結果なのかもしれないのです。**

疲労と残存効果のバランスを考えてとりいれよう

この研究結果を参考に、カウンタームーブメントジャンプをするのはいいのですが、回数を多くし過ぎると筋肉が疲労し、スイングをスタートするまでに十分回復できず、ヘッドスピードが逆に上がらなくなる可能性があります。

また、カウンタームーブメントジャンプの負荷が軽すぎてもスイングへの残存効果が期待できないこともありえます。

運動の強度とスイングまでの休息時間のバランスがポイントとなるようです。実際のコースでこの方法を応用し実践することを考えた場合、畑岡プロくらいの運動強度と、打つまでのリズムがちょうどいいと言えるでしょう。

運動強度は10数センチ足が浮く程度のジャンプを5、6回とし、ジャンプして打つまでの時間はこの研究のように1分以内に留めるという程度でしょうか。そうすると効果はそこそこ程度にとどまるでしょうが、破綻する危険性はなくなります。

［ 引用論文 ］
The effects of postactivation potentiation on golf club head speed.
Read PJ, Miller SC, Turner AN
Journal of strength and conditioning research, vol.27, issue.6, pp.1579-82, 2013 Jun

Subject # 7

動きのブレはプロでもなくせない。それよりブレたときの微調整能力が大切

再現すべきは「同じ動作」ではなく「同じ結果」

とくにボールが曲がらないプレーヤーを「精密機械」とたとえることがありますね。また、何度打っても同じところにボールが飛ぶ熟練者の練習風景を見て、「ショットが安定するのは、精密機械のようにまったく同じ動きを再現できるからだ」と考え、理想の動きをつねに正確に再現する力を身につけようとする人がいます。

でも、はたしてプロを含め、熟練者は本当にスイング動作を繰り返し繰り返し精密に再現しているのでしょうか？　２０１３年に発表された「ゴルフにおいて結果は動きの変動

性に関連しているのか?」という論文に、この疑問に対しての説明があります。直訳するとややこしい題名ですが、「スイングがブレたとき、打球結果はどうなるのか」について調べたものです。

実験の参加者は、上級者16名。

それぞれ10球打ってもらい、3次元動作解析システムによって動作の記録・分析を行なっています。打ち出された打球結果のばらつきは、打ち出されたボール速度から換算しています。それらのデータから、スイング動作の誤差と、打ち出されたボール速度の誤差との相関関係が明らかにされました。

結果は、スイング動作の変動性と打ち出されたボール速度の変動性との間には有意な相関関係が見出されなかったとされています。つまり、**スイングが違っても結果が変わるわけではない**、ということです。

1回ごとのスイングにおいて動き方が違っているのに、高度に熟練したゴルファーは、それにも関わらず、ボール速度を同じにそろえているわけです。

図11は1人のプレーヤーのヘッド軌道のブレの程度を、線の幅と濃度で表現したもので、幅が広く、色が濃い部分ほど誤差が大きいことを表しています。これを見ると、バックスイング時、ダウンスイング時とも、クラブが地面と平行になるあたりでは誤差がとても大

図11

1人のプレーヤーの軌道のブレ範囲

線の幅と濃度はスイングごとの誤差の大きさと方向を表現している。幅が広く、色が濃い部分ほど誤差が大きい。インパクト以前に比べ、インパクトでの幅が狭くなっている。つまり途中でブレが生じても、インパクトをある程度の範囲内に収める能力が身についていると考えられる

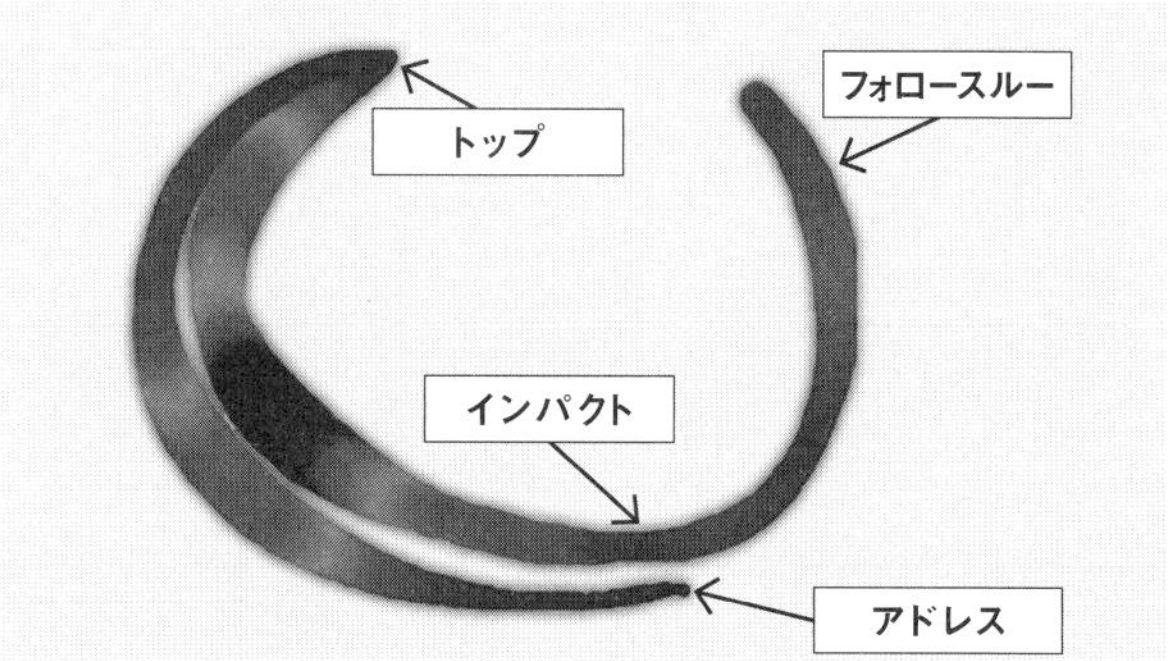

きくなっていますが、インパクト付近では誤差が少なくなっていることがわかります。つまり途中で動きに誤差が生じても、調整を加えてインパクトをそろえているのです。

　また、ゴルファー同士を比べてみると、ボール速度の結果は同じなのに、スイング動作は個々に違います。つまり、それぞれの個性としてスイングの動き方や部分的なスピードなどは違っても、同じヘッドスピードが出せるということ。ヘッドスピードとボールスピードだけを比較対象にしていますが、方向性といったほかの要素についても同等の結論になると推測していいと思います。

この実験でわかったこと

①プレーヤー同士の間での違い
ゴルファーはそれぞれのスイングパターンをもっているが、違う動作パターンやスピードでも同じ結果（同じボールスピード）になり得る。

②プレーヤー個人としても1回ごとに違う
個々のゴルファーのスイングも毎回まったく同じように振れているわけではないが、それでも同じ結果にはなり得る。

［ 参考文献 ］
デクスティリティ巧みさとその発達
ニコライ・アレクサンドロヴィッチ ベルンシュタイン（著）, Nicholai A. Bernstein（原著）,
工藤 和俊（翻訳）, 佐々木 正人（翻訳） 金子書房

［ 引用論文1 ］
Tucker, C. B., Anderson, R., & Kenny, I. C. (2013). Is outcome related to movement variability in golf?. Sports biomechanics, 12(4), 343-354.

［ 引用論文2（引用1を引用している総説）］
Evans, K., & Tuttle, N. (2015). Improving performance in golf: current research and implications from a clinical perspective. Brazilian journal of physical therapy, 19(5), 381-389.

ベルンシュタインの非反復性と「再現性」についての誤解

たしかにプロは毎ショット、同じ動きをしているように見えます。プロ自身も同じ動きをしようと努力している場合が多く、そのような発言はよく耳にしますし、同じ動きを促す練習器具の使用も多く見られます。

しかし、詳細に分析してみると実際には動作にはブレが生じていたのです。

そして、それでも、結果は同じだったのです。

熟練のプレーヤーたちは、動作の調整を加えながら、結果のズレを少なくしているのです。多くの場合は、自分でも気づかないままに。

この点を説明するキーワードが「ベルンシュタインの非反復性の法則」にあります。旧東ドイツを中心とする東欧諸国でとくに発達した運動学習や運動制御の領域で、かなり昔から引用されているロシアの生理学者ベルンシュタインが証明した理論です。

熟練者にハンマーで杭を打ち付けさせた際、毎回ハンマーは目標の杭を正確にとらえていました。しかし、ハンマーや腕の軌道は一回ごとに同じではないこと（非反復性）を証明したものです。つまり、まったく同じように見える動作でも、実は誤差があり、調整が常に行なわれることで、同じ結果が導かれているのだ、ということなのです。

これをゴルフの説明に当てはめてみましょう。

プロであっても1回ごとのスイングは違う。スイングプレーンのようなものを精密にトレースしているわけではなく、むしろ1スイングごとに狂う動きに対して、精緻な調整を行なっている、ということです。

再現していたのは、「同じ動作」ではなく、「同じ結果」にすぎません。そして、それを実現するには、毎回毎回の動きの誤差に応じた調整能力が必要ということ。つまり熟練した技術とはそういうものであり、再現性の意味とはそういうものだということです。

「1ミリもブレなく、少しのタイミングのズレもなく、速度の誤差もない、動き自体の完璧な再現性を高める」ことをめざしていたとするならば、それは再現性についてのカン違いと言わざるを得ません。

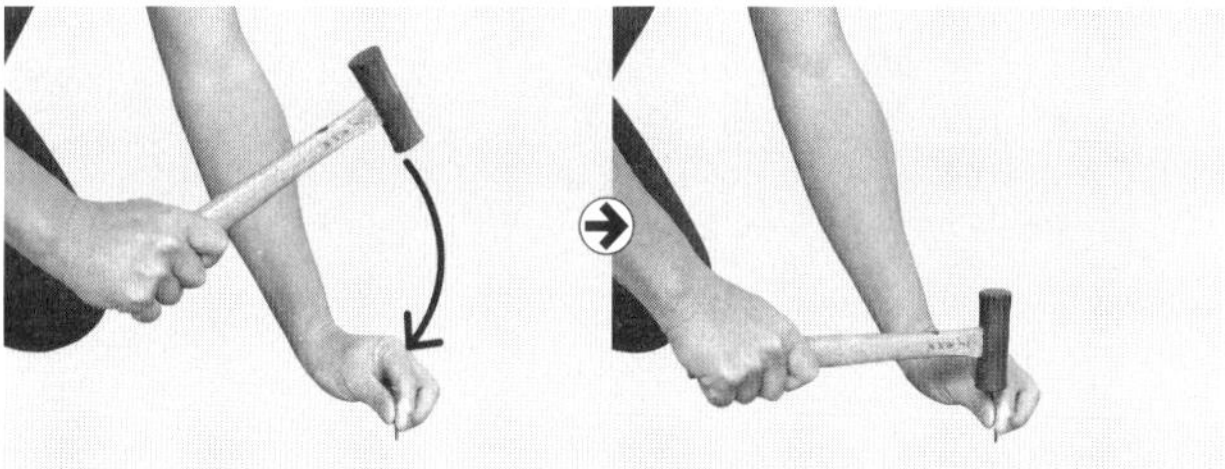

ベルンシュタインの非反復性の法則

繰り返しの打撃において、釘が毎回同じように打ち付けられているとしても、腕やハンマーの動きがつねに同じだと言うことではない

上達に応じて練習の種類を変える

もちろん、再現性能力を上げる練習法が不要だということではは、ありません。動き方やタイミングやスピードなどのズレをなくすため、ひたすら同一の課題の反復練習を繰り返す練習（機械のようになるための練習）は初期では必要です。初級者の動きとプロの動きを比べた場合は、プロの動きのほうが誤差は少ないのは明らかです。**初級者が上達するには、一回一回の動きの誤差の幅を小さくしていくことが必要。ただし、誤差をまったくゼロにすることを目指すのは、現実的ではない**ということです。

誤差の範囲をある程度まで小さくしたならば、次の段階として必要なのは、「結果の再現性」を高めるための調整する能力を上げる練習です。

目指すのは精密機械ではありません。確かに風もなく、土台がフラットで安定した場所ならば、機械は精密に同じ結果を導けるでしょう。しかし、ゴルフ場の地面はフラットではなく、もしもフラットだったとしても、位置によって硬さが微妙に違えばボールや足が地面に沈む量も違ってきます。機械がそのズレを認識していないと、動きがまったく同じだからこそ、結果においてはミスになってしまうはずです。足場が3センチ沈んだらきっかり3センチ芯を外して打ってしまうのです。もしそのズレを認識したとしても、ズレを吸収する微調整を機械の稼働プログラムに組み込むには膨大な作業が必要になるはずです。しかし、熟練プレーヤーはわずかなズレがあったとしても、それを把握しているかどうかにかかわらず、その動きの中で対応し、同じ結果を出せます。

たとえば、文字の書き方を覚えるときは、見本をなぞる練習が有効です。しかし、ある一定のレベル（誰もがその字と認識できるレベル）に達すると、なぞり字練習は行ないません。代わりにさまざまな姿勢で書くことや、ほかの文字を練習することになります。ゴルフでも同様にある一定のレベルに到達したならば多様な打ち方を試したり、多様な環境に対応するような練習をするといいのです。傾斜のあるライで打ったり、片足、片手で打つ。また、1階打席、3階打席、練習場の右サイドの打席、左サイドの打席など、さまざまな〝環境〟で練習することで、調整能力は磨かれていくと考えられます。

それを磨いて打球結果をそろえることこそ、実際のラウンドで強みを発揮するはずです。

個人的に思うことは、今後のトーナメントコースセッティングには多様な環境を用意し、そのなかで調整能力を試すようなものとすることで、ゴルファーの環境適応力を強化してほしいということ。それによって、来るべきAIロボットとの対決に備えてほしいと願っています。

Subject # 8

注意を向けるのはターゲット？　カラダの動き？それぞれに適した状況がある

ゴルファーのレベルによって注意の向け方による違いが結果に出た！

「このアプローチは大切だ、ていねいにスイングしよう」と考えて、「カラダがブレないように振ろう」「バックスイングの大きさはこのくらい」などと注意しながら「きれいにインパクトできた」と思ったら、距離がぜんぜん足りなかった、という経験がありませんか。**自分のカラダの動きにだけ意識が行き、ターゲットへの意識が薄れていたのです。これでは結果はよくなりません。**

「ゴミ箱に紙くずを放るときに、カラダの動きを気にしたりする？　ゴミ箱を見て距離を把握すればカラダは自然に動くでしょ」という説明で、こうしたことへの注意を呼びかけることもあります。

しかし、「ターゲットを意識しよう」と考えることで、カラダの動きが完了する前にターゲット方向を見ようとしてしまう、いわゆるヘッドアップが起きてしまうこともあります。ターゲットと自分のカラダの動きと、どちらを意識することが正解なのでしょうか。

ここでは、プレー中に注意（意識）をどこに向ければよい結果が得られるのか検討した研究を紹介します。「注意の向け方による結果はゴルファーのスキルによって左右される」という2003年に発表された論文です。

注意を向ける対象はふたつに分けられ、「インターナルフォーカス（内部焦点）」つまりカラダの動きなど自分の内部へ注意の焦点を向けることと、「エクスターナルフォーカス（外部焦点）」つまりクラブやターゲットなど外部へ注意を向けることです。

たとえを挙げれば、内部焦点とは右ヒジを右ワキにつけてダウンスイングするとか、頭やヒザの高さをスイング中に変えないようにするなど。

外部焦点とは、ボールの落下地点に意識を集中して打つことや、カラダ以外のクラブやボールなどの外部環境に注意を向けて打つことです。

どちらも普段みなさんがコースでのプレーや練習場で当たり前のこととしてやっている

と思います。逆に、何も注意の焦点を意識せずに打っている人のほうが少ないのではないでしょうか。しかし、こんな当たり前のようなことにも上達のヒントがあるのです。

この研究では、上級者10人（平均ハンディキャップ＝4）とアベレージゴルファー（平均ハンディキャップ＝26）10人に、9番アイアンのピッチショットで10、15、20、25メートルに置かれた4つのターゲットを狙わせました。次のように、内部と外部に意識を向けさせて各距離10球で合計40球ずつ打たせ、違いが出るかを調べたのです。

①インターナルフォーカス（内部焦点）
スイングフォームに集中し、距離に応じてスイングの力量調整に意識を集中させる
②エクスターナルフォーカス（外部焦点）
可能な限りそれぞれのターゲットの近くにボールを打つことに集中させる

この実験のデータをとったところ、ゴルフスキルレベルによって結果に違いが出ました。**上級者では、エクスターナルフォーカスのほうがターゲットとのズレの距離が短く、よい結果となり、アベレージゴルファーではインターナルフォーカスのほうがよい結果だったのです**（図12）。

図12

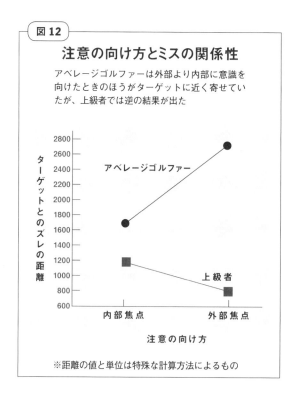

注意の向け方とミスの関係性

アベレージゴルファーは外部より内部に意識を向けたときのほうがターゲットに近く寄せていたが、上級者では逆の結果が出た

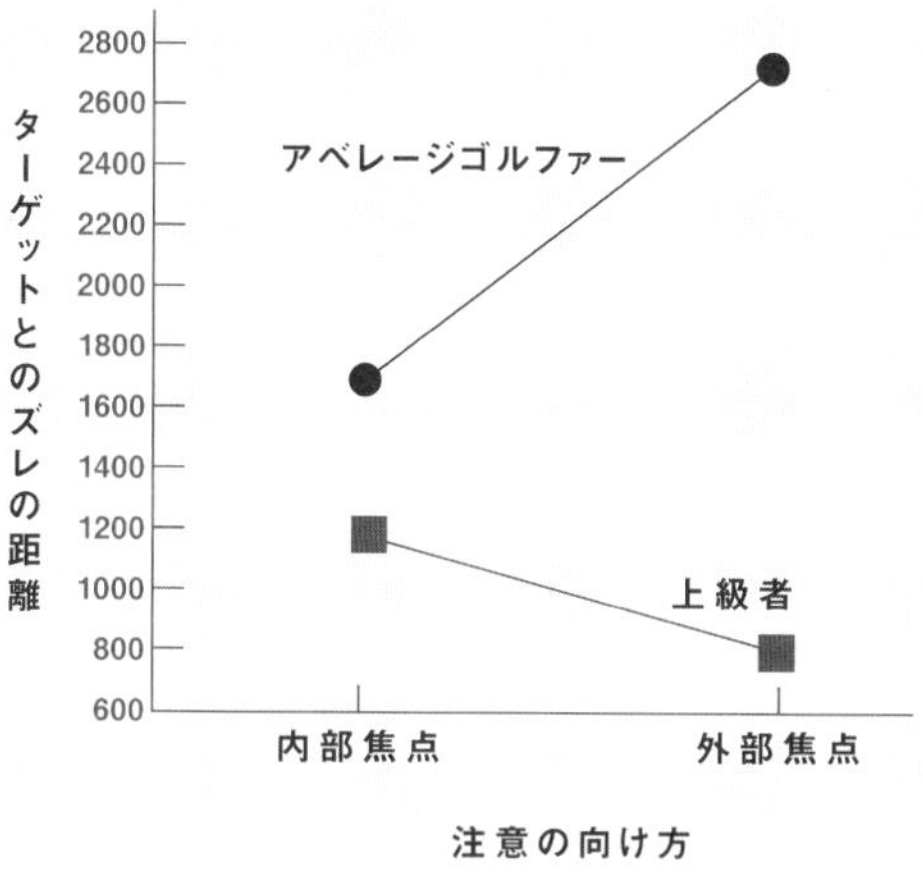

※距離の値と単位は特殊な計算方法によるもの

この研究でわかったこと

①インターナルフォーカス（内部焦点）＝アベレージゴルファーに好結果

②エクスターナルフォーカス（外部焦点）＝上級者に好結果

注意の向け方は、時と場合によって使い分けよう

この結果については「ターゲットに寄せる」目的のプレーだから、そして上級者にとっては比較的簡単なタスクだったから、ということが言えるかもしれません。

ほかの類似論文をあたってみると、「洗練された繊細な技術を行なう場合には自分の内部にフォーカスし、外部の情報をシャットアウトすることが、そのタスクを達成するのに有益にはたらく」との報告もありますので、合わせて考えたいところです。

つまり、**場合によって上級者であってもインターナルフォーカスを必要とする場合もあるし、その逆もあり得ると考えたほうがよいでしょう。意図したタスクの熟練度合いなどはもちろんですが、その日のスキルの調子などによっても使い分けることができそうです。**

タスクの熟練度合いとの関係性について説明します。

ゴルフの指導では、紙くずをゴミ箱に下手投げで入れる動きを例にしてよく説明されます。腕を50センチ引き上げてから投げようなどという〝動き方〟は考えず、ターゲットであるゴミ箱の中あるいは縁に意識を集中させて投げ入れるものだ、という説明です。

個人的に熟練したタスク、または誰にとっても比較的たやすいタスクでは、目標やクラ

ブヘッドなど外部環境に注意を向けていくことをおすすめします。初心者であっても得意なものやその日調子のよいもの、それほど実行するのに困難を伴わないものに関しては、いちいち動きの確認などをする必要がないと考え、自然に注意が外部に向けられるようにもなっていくでしょう。そういうときは、「いつもやっていることだから」などといって、わざわざ念入りに動きのチェックをしようと考えなくてもいいのです。多くのプロも、土壇場では、ボールの落とし場所やパッティングライン、クラブの動きだけに集中しているものですが、それと同じですよね。

過度のインターナルフォーカスに注意

一方、プロおよび上級者が陥りやすいのが、内部に注意の焦点を向け過ぎることです。**ほんの些細なスイングやストロークの変化に注意を向け過ぎてしまうことで、試合中やラウンド中にも関わらず、本来のゴルフパフォーマンスを発揮するうえで必要な「落とし場所への集中やクラブヘッドへの集中」を欠いてしまい、コース内で悪い結果を招いてしまうのです。**

この症状にかかっている選手を見分けるには、次の方法があります。

ラウンド中にシャドースイングや素振りが多く、細部まで意識された素振りを反復している。一度このような状態に陥ってしまうと、本来のパフォーマンスを取り戻すまで時間がかかりそうです。なぜならば、**カラダの動きのわずかな誤差に、打球がブレるなどの本当の原因があるわけではないからです。いくらそこに注意を集中してもほぼ正解にたどり着けず迷走することになるでしょう。**

実は注意の集中の方向がもっと大切だったのです。

それでは、実際のコースでのプレーに役立つ、インターナルフォーカスとエクスターナルフォーカスの活用法を紹介しましょう。

スタンスをとるエリアを野球のバッターボックスのように区切ってイメージしてください。ここをエクスターナルフォーカスをする場所、つまり外部焦点ステージとします。それ以外のゾーンはインターナルフォーカスをする場所、つまり内部焦点ステージとしましょう。

各ステージで注意の向け先を分けることでパフォーマンスを高めようというのがこの方法の狙いです。

最初に、内部焦点ステージでは、自分のスイングの動きやタイミング、テンポ、さらには腰や腕のポジションに注意を向けてください。気になることがあるならこのゾーンで、好きなだけ、もし不安が軽減されるのであれば多めに注意を向け、確認するといいのです。

ただし、**境界線をまたぎ外部焦点ステージに足を踏み込んだら、落とし場所や狙う方向、あるいはクラブやボールなどに注意の焦点をシフトしてください。**これによってプロや上級者に起こりがちな過度なインターナルフォーカスを防ぐことができます。

内部焦点にも外部焦点にも、利点はあります。どちらかだけを選び、もう一方の利点を放棄することはありません。いいとこどりしてしまいましょう。

「バッターボックス」の外と中で意識を変える

ボールに対してセットアップするエリアを「外部焦点ステージ」とする。そこに入る前は「内部焦点ステージ」なのでカラダの内部に意識を向け、動きのチェックなどをしていいが、外部焦点ステージに入ったら意識の向け先をターゲットや弾道に変える

［ 引用文献 ］
Perkins-Ceccato, N., Passmore, S. R., & Lee, T. D. (2003). Effects of focus of attention depend on golfers' skill. Journal of sports sciences, 21(8), 593-600.

Subject #9

左打ちに取り組むと右打ちの軌道が改善される可能性がある

左打ちによって右打ちでの「振る感覚」が開発される

ここでは、鈴木自身が行なってきた研究の一部をご紹介します。左打ちに関する研究です。私は、本来右利きで右打ちの人が、左打ちをすることによってどのような効果または逆効果があるのかを調査してきました。

左打ちの効用については、国内のトッププロの間では徐々に普及しているように感じます。片山晋呉プロをはじめ、松山英樹プロ、石川遼プロ、小平智プロ、女子では上田桃子プロ、有村智恵プロなどフィジカルの重要性に関心の高い選手たちはすでに、左打ちでの練習を採用しているようです。しかしながら、研究の分野ではまだ、具体的な効果については明確にされていません。

そこで、今回はヘッドスピードに限定して行なった調査について紹介したいと思います。左打ちをすることでヘッドスピードは上がるのか、または下がるのか。なおここで紹介する内容は、予備実験において得られたデータであり、論文などにはされていません。ネガティブな結果データなのですが、事実の事象としては価値がありますので紹介したいと思います。

予備実験としての題名は「スキルの左右効果転移現象について：左右ゴルフスイングに着目して」でした。参加者は男性プロゴルファー20名。20歳から50歳までで、平均年齢33・4±9・7歳。そして男性アマチュアゴルファー20名。こちらも同じく20歳から50歳までで、平均年齢は37・3±10・9歳。全員が右打ちです。

プロ、アマの合計40名に、利き側(右)トレーニング実験と非利き側(左)トレーニング実験というふたつの実験を行ないました。

利き側トレーニング実験は、まずプレテストとしてドライバーを3球打ち、その平均値を記録しました。その後、利き側の右打ちを30球行い、さらにポストテストとして3球の平均値を記録し、トレーニング前後でのヘッドスピードを比較しました。

非利き側でのトレーニング実験も同様に最初にプレテストを行ない、次に非利き側で30球を打った後に、ポストテストを行ないました。

　各実験ともプレテスト前にウォーミングアップとして打球練習を15分ほど行なってから、利き側トレーニング実験→非利き側トレーニング実験の順序で実験を行ないました。左右30球のドライバー打球は、疲労の影響を考慮して制限時間を4～5分の間隔としています。

図13

実験プロトコル

中間に利き側で30球打たせ、その前後で３球ずつ打った際のヘッドスピードを比較。その後で、非利き側で30球打たせた前後の３球ずつのテスト結果を比較した

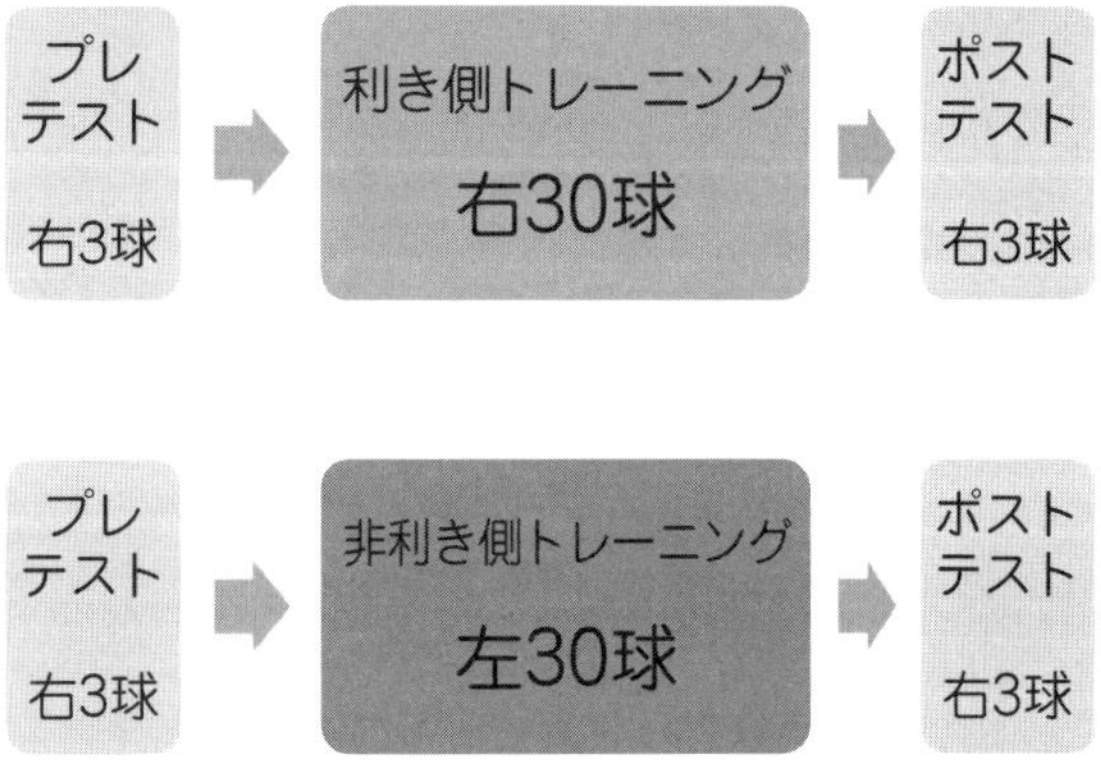

図 14

左右打ちトレーニング前後のヘッドスピード比較（アマ群）

非利き側でのトレーニングをはさむとヘッドスピードはわずかに上がっている

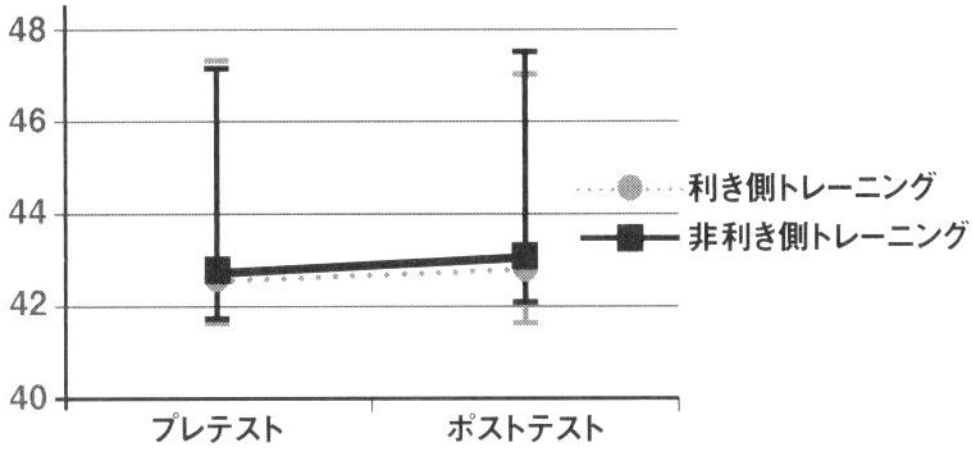

図 15

左右打ちトレーニング前後でのヘッドスピード比較（プロ群）

非利き側でのトレーニングをはさんだ後のヘッドスピードの向上率はアマチュアよりも少し多かった

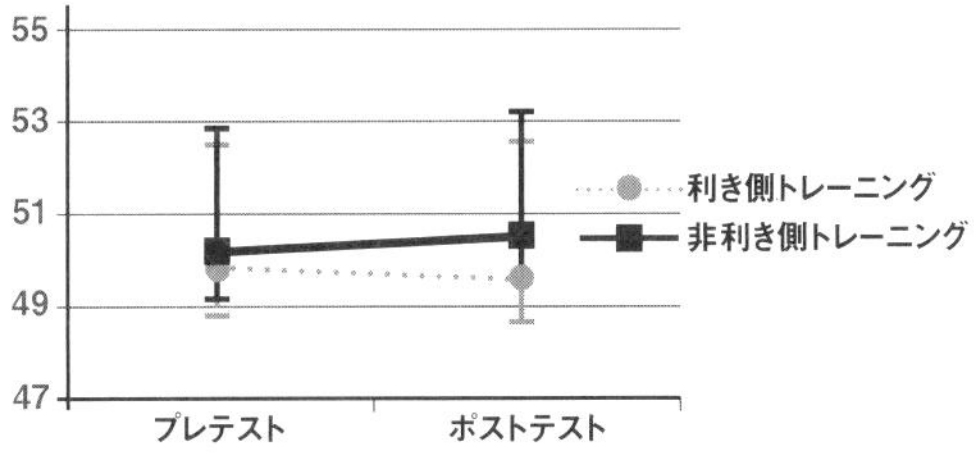

表 5 左右打ちトレーニング前後でのヘッドスピード比較、実験結果

		プレ平均（m/s）	ポスト平均（m/s）
プロ群	右テスト → 右 30 球 → 右テスト（利き側）	49.81 ± 2.71	49.64 ± 2.94
	右テスト → 左 30 球 → 右テスト(非利き側)	50.09 ± 2.80	50.51 ± 2.70
アマ群	右テスト → 右 30 球 → 右テスト（利き側）	42.68 ± 4.63	42.73 ± 4.32
	右テスト → 左 30 球 → 右テスト(非利き側)	42.73 ± 4.47	43.04 ± 4.48

この研究でわかったこと

利き側とは逆のスイングをしたあとで、利き側のスイングをすると、わずかにヘッドスピードが上がる可能性がある。

データ上には目立つほどの差は出なかったが……

トレーニング前後のヘッドスピードの記録は、どの実験もプロもアマも、すべてごくわずかな違いにとどまりました(図14、図15)。研究論文としてまとめるうえでは、30球というトレーニングではヘッドスピードの向上効果は認められなかったと結論するしかないのですが、プロ群でもアマ群でも、1メートル毎秒以上のヘッドスピード向上効果がみられたゴルファーがそれぞれいたことは、事実なのです。

効果の現れ方が個人個人によりさまざまであったのは、個人により30球という回数が疲労として影響する負担だったのかもしれませんし、逆に、振るということでバックスイングでの可動域の向上などダイナミックストレッチ効果が得られたのかもしれません。

どちらにしても、研究の世界では、ふたつの条件で統計的な差がないという結果になりました。ですから、少なくともマイナスの効果もないということになります。

それでも、トッププロがコース内で左素振りを繰り返すシーンを見るということは、彼らがヘッドスピード以外でのもっと質的なことにおいて改善がもたらされていることを感じとっているためではないでしょうか。

トップの位置、わずかなカラダのバランスの変化、グリップの強さなどについての感覚的な確認、あるいは緊張や疲労によって硬直しかけた筋肉をほぐすためなど、トッププロならではの微細な感覚が何かを感じとっているからこそ採用しているのだと推測できます。

左打ちが右打ちの動きを改善していく可能性

少し話は変わりますが、以前、週に1回、1年間という長期にわたり左打ちを継続したゴルファー集団がいました。私が千葉県の練習場で開催していた「スイッチゴルフクラブ」のメンバー約20名です。そこで得た知見はデータにこそ示すことができませんが、貴重なものでした。なんと、20名中の3名程が左打ちに転向してしまう事態が起きたのです!

というのも、本来の利き側である右打ちよりも左打ちのヘッドスピードのほうが速くなったり、ヘッドスピードこそ同等なものの、球筋が利き側よりもはるかに安定するようになったために、左打ちへの転向に至ったのです。この事態は私の予想を上回る成果でした。

ゴルフにおける右打ちと左打ちの適性診断ができる可能性が示唆されただけでなく、長期的に左打ちを継続することで、右打ちへの影響もおぼろげながら見えてきたことがありました。それは、スイング軌道への影響です。

右打ちではアウトサイド・インのスイング軌道のゴルファーがいるとします(図16イラスト1)。その人に左打ちの練習をさせると、3カ月もすると左打ちでの軌道は、インサイド・アウトになるのです。つまり、真上から見たとすると、スイング軌道が示す方向は

図16

左右打ちをすることで、両方の動きが適正化される可能性

イラスト1

イラスト2

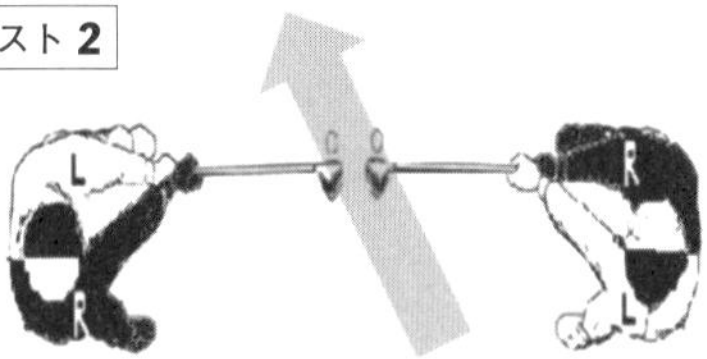

イラスト3

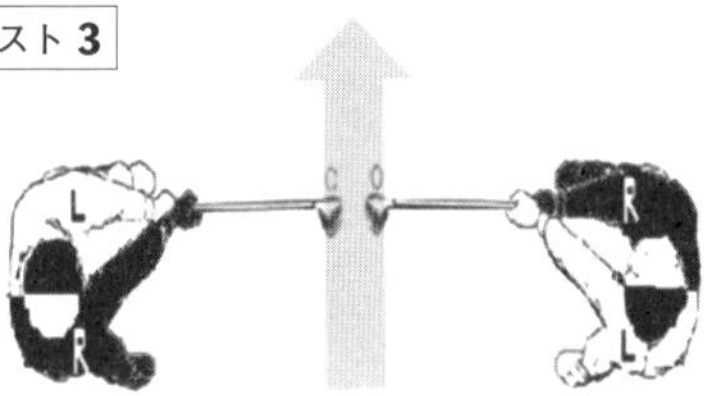

右打ち　　　　左打ち

右打ちでアウトサイド・インに振っている人に左打ちをさせると、自然にインサイド・アウトの軌道が身につきやすい。しかし左右で打つ練習をさらに続けていくと、自然に双方がバランスをとり合うようにインサイド・インの軌道に矯正されていく現象が認められた

同一になったのです（イラスト2）。

そしてさらに練習を継続していくと、両方の打ち方からのなにがしかの影響によって自然とスイング軌道がバランス化されるかのように、左右打ちともにインサイド・インに変わっていく（イラスト3）といった例が何度も見られました。

このほかにも、たくさんの興味深い知見を得られました。今でも、この経験は私のなかで非常に大きなもので、今後の研究課題への大きなヒントとなっています。

日本体育学会監修の『最新スポーツ科学辞典』（p41a）によると、以前に学習したことが後の学習に与える影響のことを「学習の転移」と言い、このような現象が左右の手足間で起こるものを「両側性転移」としています。簡単に言えば、右手で学習したことと同じまたは似たような動きならば、同様の学習をしなくても左手でもその技術が身につきやすいということです。

これまでの「両側性転移」現象についての研究は、ほとんど片側の手や足から、反対側の手や足への転移についてのものでした。両手で持つ野球のバットスイングやゴルフのスイングなどについての研究は極めて少ないのです。そこで私としては、ゴルフにおける「両側性転移」を今後も調査し、生涯にわたるライフワークとして、遥かなる左右の地平へ挑戦を続けていきたいと思っています。

確実に実感できるのは左右のバランスをとる効果

まず、左打ちでの素振りは、カラダの左右のバランスを整える効果があります。
また、右利きのゴルファーは、フォロースルーではカラダの左側の外腹斜筋と右側の内腹斜筋が勢いよく受動的に伸ばされることになります。それを何十年と続けているとカラダのバランスは崩れるばかりです。最初はゆっくりと短いサンドウエッジなどでの素振りから始め、慣れてきたら左打ちでの素振りも勢いよく行ない、左右のバランスを整えましょう。練習の前後に最低でもおよそ20％程度の回数を。仮に200球を練習する場合では、練習前に20回、練習後に20回程度が目安となります
また、コース内でラウンド中に行なう場合には、まわりには十分注意を払い、ショット前やショット後に10回程度素振りすることをおすすめします。ただし、ショット直前に行なうと右打ちに戻ったときに違和感を覚えることが多いので、左素振りのあとは、右の素振りを何度か行ない違和感を払拭してから本番のショットに臨んでください。
現実的な施設の環境の問題など考えるとむずかしいところもありますが、コース内や練習場でできる簡単な素振り方法を次ページに紹介します。

●2本のクラブを互い違いにもって大きくゆっくり振る

これもやはり重さを利用して。決して無理せず、「左打ちのための筋肉の使い方の感覚」を開発するつもりで

●SW(最も重量があり最も短いクラブ)で軽く振る

サンドウエッジの重さを利用して、「左打ち用の筋肉をほぐす」くらいの感覚でゆっくり振る

●ドライバーなどでまわりに気をつけて強く振る

長いクラブにはたらく遠心力を生かすつもりで振ってみよう。スイングの範囲が予想外に広がることがあるので、まわりの状況をよく確かめてから行なう

[引用文献]
最新スポーツ科学辞典　p41a
2006年　監修(社)日本体育学会　平凡社

第2章

ゴルフ界にはびこる 思い込みをくつがえす パッティングのエビデンスとその活用法

Subject #1

インパクトへのはやる気持ちを抑える振り子のイメージ

プロのパッティングは左右対称のストロークではない

スコアを縮める方法として、ぜひ取り組んでいただきたいのが、パッティングです。スコアの中で占める割り合いが非常に大きいこと、そして身長や体重、筋力などの面で特別な素質を必要とせず、どんな人でも名人になれる可能性がある分野だからです。

パッティングにおいてカップインさせるためには、大きく分けて最低限、次のふたつの要素は考慮しなくてはなりません。

ひとつは、**パッティングラインの読み**です。距離とボールスピードに応じた適切な曲がりの幅を読みとることが大切です。ふたつめの要素として、**読んだラインに的確に打てるかどうかという技術的な問題**が挙げられます。この問題は、打つ強さである出力調整（インピーダンスマッチング）と方向性（エイミング）、また芯で打つ重要性などさらに細分化することができます。

ここでは、狙った距離を出すためのストローク方法の違いについて、プロと初心者との比較から検討してみます。ストロークの方法については、振り子のイメージで打つ方法やフォローを大きくとる方法、インパクトで止めるように打つなど多様にあります。日本プロゴルフ協会発行の『基本ゴルフ教本』p53に、パッティングのストロークについては「ゆっくりとしたリズミカルなストロークを心掛けます」と明記されています。

それに対し、実際にプロゴルファーのストロークがどのようになっているかのエビデンスを紹介しましょう。鈴木自身が国際武道大学大学院（武道・スポーツ研究科）在学

表6　実験参加者

	年齢（歳）	身長（cm）	体重（kg）
初心者群（6名）	23.7 ± 0.7	168.5 ± 6.5	72.8 ± 10.6
プロ群（9名）	36.5 ± 7.5	172.6 ± 6.6	76.5 ± 10.0

中に眞鍋芳明先生と荒川裕志先生の指導の下、同大学学生および院生、さらに近隣のプロゴルファーの協力のもと行なった研究結果です。

実験に参加したのは、「初心者群」として1カ月以上の継続的なゴルフトレーニング経験がなく、かつ18ホールのラウンド経験のない男子大学生および大学院生6名。「プロ群」として日本プロゴルフ協会会員のプロゴルファー7名と日本ツアー機構のトーナメントプレーヤー2名の合計9名。参加者全員が右打ちでした(表6参照)。

実験方法は、距離2メートルのパッティングを左右打ちで各5球打ち、そのなかで最も目標に近づいた結果をデータとして採用しました。

動作の分析は専用カメラを12台使用し、光学式3次元自動動作分析装置Vicon MX(Oxford Metrics Inc.)で、反射マーカーの画像信号の3次元座標を構築するという方法を採用しました。アドレスからトップまでのバックスイングと、インパクトからフィニッシュまでのフォロースルーでの、クラブヘッドの直線移動距離とインパクト直前におけるパターヘッドの速度を算出しました。

図17

プロと初心者に左右それぞれで打たせた結果は?

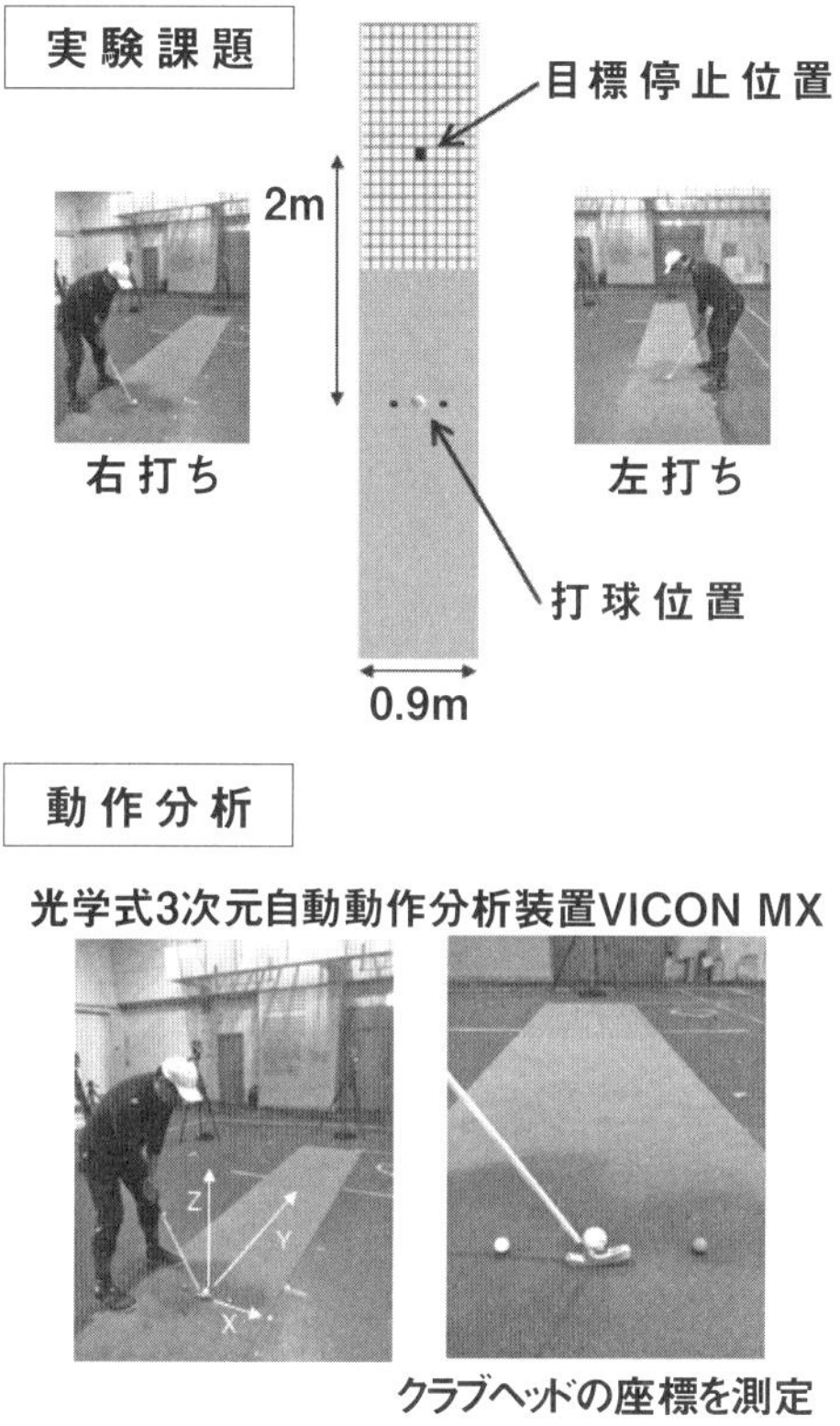

プロと初心者の2メートルのパッティングにおけるストロークの違いを比較した。しかも両者に左右打ちをさせたことで明らかになったことがある

プロよりも初心者のほうが振り子に近かった

結果は12ページの図4で紹介しています。5球のうち最も近い1球を採用したため、結果（距離）としては違いがなかったのですが、打ち出していたクラブヘッドの動きには大きな違いが見つかりました。

とくにプロの右打ちのバックスイングの距離のみが、ほかに比べて短かったのです。それ以外のプロの左打ちも含め、初心者の左右それぞれのストロークは、いわゆる「振り子のような左右対称」に近いものだったと言えます。

また、ここにデータは示していませんが、最も結果のよかった打球についてのインパクト直前におけるパターヘッドの速度はプロアマ問わず、そして左右どちらでのストロークかに関わらず、統計的な差がありませんでした。

つまり、**バックスイングの大きさが違うのに、インパクトでのヘッドスピードは同じ、およびボール停止位置も同じだった**ということになります。この事実を分析していきましょう。

この研究でわかったこと

●初心者はバックスイング側とフォロー側の振り幅がほぼ対称のストロークをする傾向にある（プロも左打ちの場合は同じ傾向が出る）。
●プロの右打ちでの振り幅は、バックスイング側が小さく、フォロースルー側が大きくなる。

同じ２メートルのパッティングに対し、バックスイングを大きくとると、インパクトまでにゆるむ可能性が高まるうえ、動きの誤差も生じやすい（上）。バックスイングが小さければ誤差が最小限になると期待できる（下）

ゆるみなく、パンチを入れずに「打つ」ための振り子イメージ

この実験は2メートルのパッティングという限定された実験での結果であり、すべての条件でこのような結果になるとはかぎらないとして話を進めたいと思います。

そのうえで、プロ群の右打ちが「お手本」であるという前提も確認しておきます。

熟練した技術を有するプロ群の右打ちでは、左右対称の振り子ストロークではなく、バックスイングに対してフォロースルー側を大きくとっていることが確認できました。むしろ、振り子ストロークができていたのは初心者群の右打ちと左打ちとも言える結果だったのです。

同じ距離を転がすのに、クラブヘッドの移動距離が大きくなれば、それだけエラーが生じやすくなると考えられます。そのため、なるべくインパクトまでのクラブヘッドの移動距離を少なくし、カラダの動きも減らし、誤差の生じる要因を抑えることによってクラブヘッドの動きの安定を図り、正確にボールをヒットすることを追求し、その結果が、プロの右打ちのストロークを形成したのだと考えられます。

それにも関わらず、多くのプロが振り子のようにストロークすることを推奨するのにも、

納得できる理由が説明できます。インパクトの誤差を減らそうと考えるゆえに、逆にバックスイングが短くなり過ぎてリズムを崩しミスにつながることが往々にして起こりがちだからなのです。そこまで考えをめぐらすと、「ゆっくりとしたリズミカルなストロークを心掛ける」という基本ゴルフ教本の言葉の奥深さを感じます。

それでは、バックスイングが大きくなる傾向にあるタイプの人に対し、小さいバックスイングで正確にボールを打つストロークを身につけるための練習方法を紹介します。1～3メートル程度の近距離での練習方法（13ページ参照）です。

①バックスイングをとらずにストローク

手先をこねるようにヘッドを押し出すのではなく、全身でストロークする意識をもって行なってみましょう。

②クラブヘッド後方20～30センチ付近にボールを置いて、ぶつからないように打つごく小さなバックスイングから2メートル転がしてください。やはり手先で「パンチ」を入れないように気をつけて行ないます。

もし、この練習が違和感なくこなせる人は、逆に、ゆっくりとしたリズミカルなストロークを心掛けながら行なってください。

Subject #2

J.スピースのようにボールではなくカップを見て打つほうが入る？

ターゲットを見ながらのほうがカラダが自然に動くのか

パッティングについての最も有名な格言に、「カップインは左耳で聞け」があります。「(目で）ボールを追いかけるのは、インパクト後、しばらくしてから」など、これと似たような指導は多いものです。

2016年にチャリティイベントのために来日していたレジェンド、ゲーリー・プレーヤー氏がジュニアゴルファーに向けてパッティングの指導をした際も、「カップインの音は左耳で聞け」と繰り返しアドバイスしていました。ボールを目で追いかけると頭もカラダも動き、クラブフェースの向きが変わってしまうほか、パターの芯でボールをとらえることができないなど、その理由についても詳細に説明をしていました。

ボールから目を離さず、最後までボール位置に目を向けたまま振り切ることは、誰もが疑わないゴルフの常識として認識されてきました。

しかし、一人の若きゴルファーがこの常識を覆すパッティングスタイルで、2015年のマスターズと全米オープンというメジャートーナメントを続けざまに制覇しました。ジョーダン・スピースです。彼のパッティングスタイルは、カップ方向もしくはパッティングラインを見ながらストロークするという革新的な方法でした。

もっとも、この方法はスピースが登場する以前からありました。ストローク中にボールのかわりにカップを見るべきであるという理論を、ノースカロライナ大学グリンズボロ校のボブ・クリスティーナ博士とアメリカのゴルフダイジェスト、ゴルフマガジン両誌で優れたゴルフコーチに選出されたゴルフディレクター、エリック・アルペンフェルス氏が、2008年に出版した『Instinct Putting』(タイトルを直訳すれば「本能のパッティング」)のなかで主張しています。

そして、このテーマに対して世界の研究者はいち早く対応し、研究を行なっています。2017年に発表されたカナダの研究者による「近くを見るvs遠くを見る 視覚フォーカス戦略の評価」はとくに注目に値します。この研究では驚くべきことに、ボールを見ないでストロークしたときのほうがよい結果を得られたと報告しているのです。

この実験に参加したのは、ハンディキャップ12・5±6・2の28人の経験豊富なゴルファーたちです。方法は次のとおり。

①6フィート(約1・8メートル)、10フィート(約3メートル)、14フィート(約4・2メートル)という3つの距離から

②右に曲がるラインと左に曲がるラインの組み合わせで

③144球打たせる

その打ち方は、

A　ボールを見ながら打つ方法

B　仮想ターゲット(またはパッティングライン)を見ながら打つ方法

その両方の結果の比較をしました。(図18)

3メートル以内のパットはターゲットを見て打つほうが入る

全参加者の結果の平均値では、Bのターゲットを見て打つ方法が40パーセントのカップイン率で、Aのボールを見て打つ方法は37パーセントでした。3パーセントの違いですが、研究者の世界では、大きな差だと認められます。なお、その中でも10フィート（約3メートル）において、Bは39%パーセントであり、Aの方法の34パーセントに対してもっとも大きな差がありました(図18)。

また、スライスラインではBの方法のカップイン率は41パーセン

図18

ボールを見て打つ方法とターゲットを見て打つ方法の距離別のカップイン率

1.8メートル、3メートルともにターゲットを見て打つ方法のほうがカップイン率が高かった。4.2メートルではほぼ同等の結果であり、ボールを見ないことで著しく確率が悪くなるわけではなかった

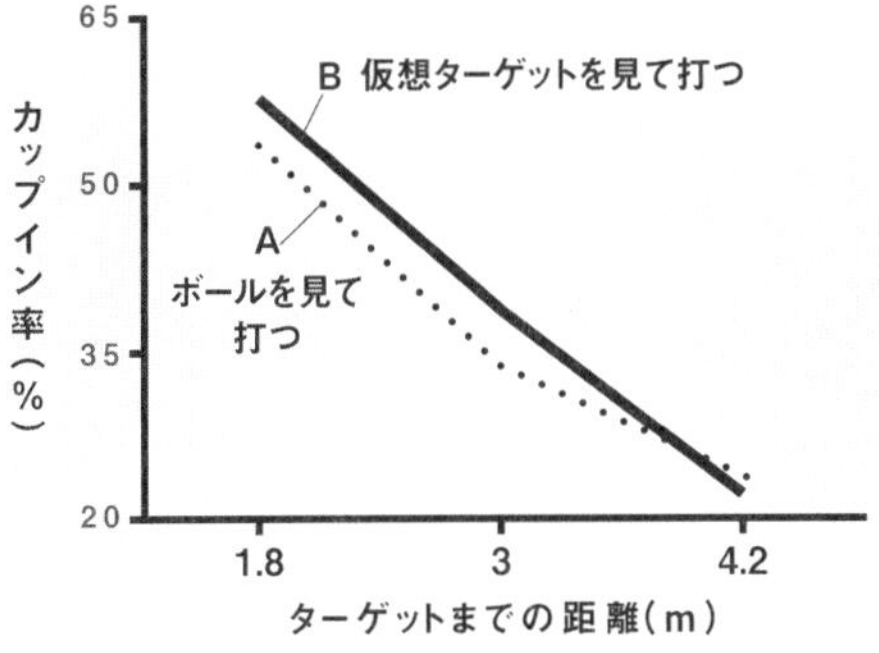

トで、Aの36パーセントよりよく入っています（14ページの図16）。10フィート（約3メートル）以内の結果にかぎられますが、これまでボールを見ながら打つ練習を豊富に積んできたであろうゴルファーでさえ、Bのほうのカップイン率が高い結果となっていたのです。

この研究でわかったこと

①3メートル以内のパットは、ボールよりも仮想ターゲット（またはパッティングライン）を見て打つほうが入る確率が高い。

②3メートル以内のスライスラインでは、さらに仮想ターゲット（またはパッティングライン）を見て打つ方法のほうが成功率は高い。

ターゲットを最初から見ておけばヘッドアップせず球が捕まる

この研究では、約4・2メートルまでのショートパットは、ボールを見ないで打つ方法にデメリットはないという結果を示しています。とくに3メートルまでにかぎれば、ボールを見ないほうがカップイン率は高くなったのです。

また、この研究ではそれぞれの距離においてのミスパットについても計測しているのですが、ミスの距離においてもBのほうが小さくなるという結果を示しています。

これは、狙った距離と方向に対しての視覚情報が、ストローク中にもタイムリーに得られることが効果的にはたらいたためと考えられます。手でモノを投げる動きに例えるとわかりやすいと思いますが、目標を見ながら投げることで距離や方向が合わせやすいものです。もちろんパッティングの場合は、パターという道具を使い、そのフェースの芯でボールをとらえなければならないため、手先で直接モノを投げる動作と同じだと断言はできません。ボールから目を離すとクラブの芯でボールをとらえることがむずかしくなるのも事実です。

つまり、ここにはトレードオフの関係（どちらかを選ぶと別の何かが犠牲になる関係）

があると言えそうです。ショートパットのような小さい動きでは芯を外すかもしれないというリスクより、目標へのタイムリーな情報のほうが効果的だということ。一方で、ロングパットでは、クラブを大きく振り上げなければならなくなってくるため、クラブヘッドの芯でボールをとらえられないリスクが増えます。だから、ボールから目を離さず、ボールをしっかりとらえることを優先したほうがよいと言えるでしょう。

ボールが右に曲がるスライスラインに対して効果的だった理由として、この論文ではゴルフプレーヤーの特徴として、フックラインよりもスライスラインの読みのほうが浅くなる、つまりスライスラインをそれほど曲がらないと読む傾向があるという先行研究を引用して説明していました。カップを見ることでこれらの認知に影響を与えた可能性が考えられます。

また、別の理由として、135ページからのパッティング#6「真っすぐ構えることも大事だが、狙いどおりに打ち出すことがより重要」で挙げている、通常に構えた場合に陥りがちな「アドレスで右方向に向きやすく、なおかつ右方向に打ち出す」傾向に対し、目線をカップ方向に最初から向けて構えることでそうしたエラーが出なくなった。同時に目線をカップ方向に最初から向けておくことでいわゆるヘッドアップがなくなり、ストローク中にクラブフェースを閉じて使いやすくなるという現象が起きたことでラインより右に打ち出すことがなくなって、スライスラインにおいて好結果をもたらしたなどの要因が推測できます。

これを活用するには、ボールを見なくてもクラブフェースの芯でボールをとらえられるスキルが必要でしょうね。いきなり実戦に投入するというより、まず「いいストロークをする」感覚をつかむための練習法として採用することも有意義だと思います。

最後に、ボールを見ながらしっかり芯で打つという利点と、ターゲットを見ながら距離と方向の情報を得ながらカラダを動かす利点の両方を「トレードオフ」せず、どちらもとりいれたパッティングスタイルを作りたいという願いを抱いた人のために、ひとつの方法を提案させていただきます。15ページで紹介していますのでぜひやってみてください。

[引用論文]

1) Heath, C., Alpenfels, E., & Christina, B. (2008). Instinct putting: Putt your best using the breakthrough, science-based target vision putting technique. Penguin.

2) Evaluation of Near Versus Far Target Visual Focus Strategies With Breaking Putts
Sasho J. MacKenzie and Neil R. MacInnis St. Francis Xavier University
International Journal of Golf Science, 2017, 6, 56 -67

Subject #3

ストローク中頭はパターヘッドと反対方向に動いている

動いているからバランスがとれているという事実

多くのレッスン書を見まわしても「パッティングではストローク中に頭を積極的に動かせ」という見解は見当たりません。カップまたはパッティングラインに目を向けるジョーダン・スピースのようなストローク方法であっても、最初からカップの近くを見ているだけで、ストローク中に頭を動かせということではありません。トーナメント中継などを見ても、レッスン動画などを見ても、プロのストロークにおいて、頭はストローク中、動いているようには見えません。

日本プロゴルフ協会発行の『基本ゴルフ教本』p53では、パッティングのストローク方法について「頭は上下左右に動かないようにします」と記されています。帝王ジャック・ニクラウスも「短いパットをミスするのは頭の動きが原因である」、同様にタイガー・ウッズも「よいパットは、最初から最後まで頭が動かない」と述べており、頭の位置を固定することは、権威ある人々も含め、誰もが疑わないゴルフの常識のひとつに……。

でも、本当にそうでしょうか。

では、実際に頭部は本当に微動だにしていないのかを調査した論文を見てみましょう。2008年に発表された「熟練ゴルファーと非熟練ゴルファーにおける身体頭部とパターヘッドの調整パターン」です。

実験参加者は非熟練者11名（ハンディキャップ12〜40の間、年齢21〜56歳で平均32歳）と、熟練者5名（プロゴルファー3名とハンディキャップ1と5のアマチュアゴルファー2名、年齢24〜52歳で平均35歳）です。

方法は、室内のカーペットグリーン（スティンプメーターでおよそ13フィートの転がりの速さ）で、ボールから1、3、5メートルの距離のカーペット上に描いたターゲットを目指して打ちます。カーペット上に描かれた3つの目標は実際のカップの大きさと同じ直系108ミリの円です。

頭の動きとパターヘッドの動きの分析を行なうために、赤外線追跡システムを用いて3次元動作分析を行ないました。頭の動きの分析のため帽子のつばにマーカーをつけ、パターヘッドにもブレード部分にマーカーをつけ、ストローク中の各マーカーの動きを追跡して記録しました。

結果は次のようなものとなりました。

ストローク中の頭部は動いていたのです。まず、動いた方向には関係なく飛球線方向の総移動距離にかぎっても、その移動距離の平均値は熟練者が11・2ミリで、非熟練者は16・6ミリでした。熟練者のほうが少ないですが、動いていたのは事実。そして、統計的には、両群の間に意味のある差は確認できなかったという言い方になります。

同様に頭部の上下方向の総移動距離についても、熟練者が平均4・1ミリで、非熟練者は平均8・1ミリです。熟練者のほうがストローク中の上下動も少ない傾向にありますが、事実としては「動いていた」のです。また同様に、統計的には意味のある差は確認できなかったという結論です。

しかし、熟練者と非熟練者の間で、はっきりとした違いが見られた項目もありました。それが、頭部の移動速度の方向です。これは変位の方向になるわけですが、簡単に考えれば「どちらに動いているか」という解釈でも理解できると思います。この項目において、

図 19

パターヘッドとプレーヤーの飛球線方向への頭の動き。非熟練者と熟練者の比較

非熟練者はバックスイングでパターヘッドと自分の頭を同じ方向に動かしているが、熟練者は逆に動かしていた。これはダウンスイングでも同様だった

非熟練者パターン

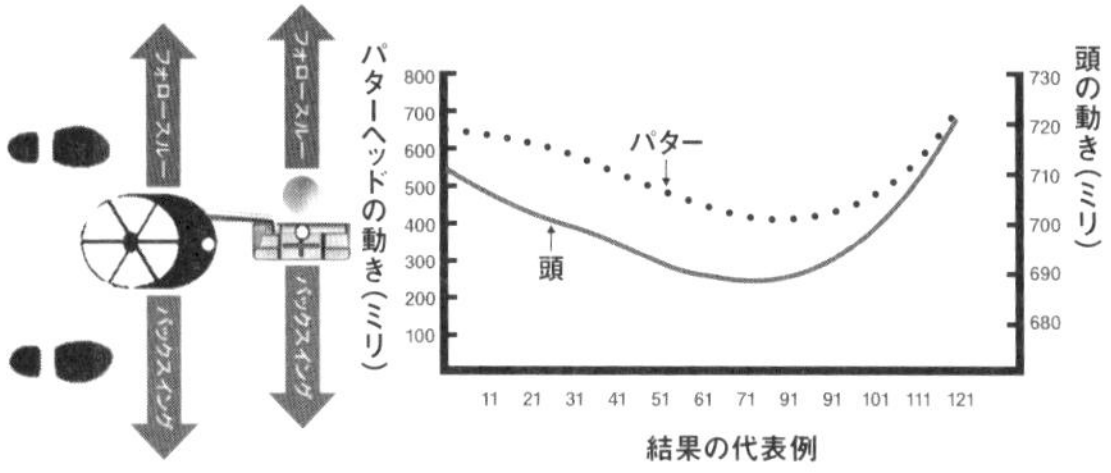

熟練者パターン

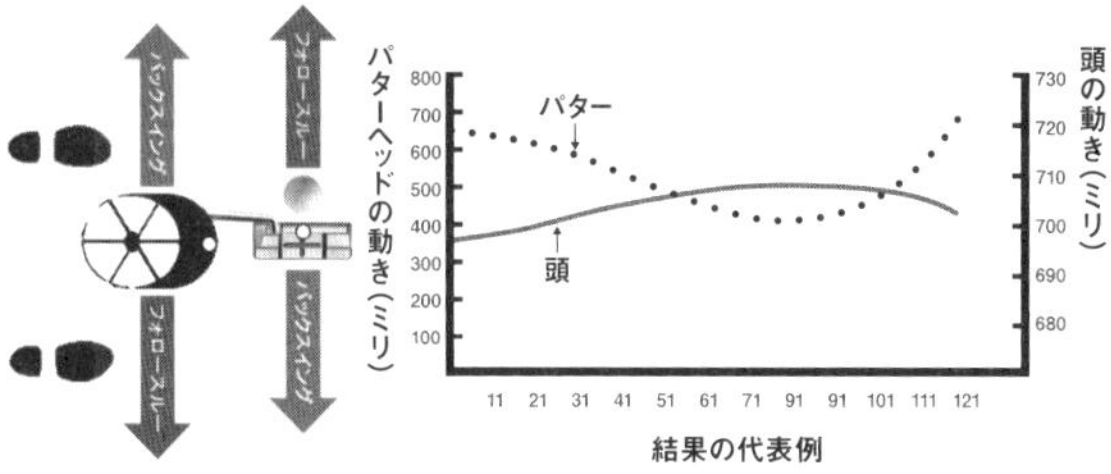

バックスイングの開始時点で、両者にははっきりとした違いがみられました。非熟練者ではマイナス5・7ミリ毎秒の速度。つまりこの速度で頭部がカップから離れるようにバックスイングしていた。すなわち、**非熟練者はパターヘッドと頭部を同じ方向に動かしていた**のです(図19上)。対照的に熟練者の頭部の移動速度の方向は、プラス6・4ミリ毎秒の速度で移動。つまりカップに近づく方向にこの速度で動いていたのです。すなわち、熟練者はパターヘッドと頭部が逆方向に動いていたわけです(図19下)。この両者の間には、統計的にも有意な差が認められています。

この研究でわかったこと

●パッティングのバックスイングにおいて、非熟練者は、パターヘッドと自分の頭とを同じ方向に動かしていた。
●それに対し熟練者の頭は、パターヘッドと反対方向に動いていた。

[引用論文]
Lee, T. D., Ishikura, T., Kegel, S., Gonzalez, D., & Passmore, S. (2008). Head–Putter coordination patterns in expert and less skilled Golfers. Journal of motor behavior, 40(4), 267-272.

「動いている」と「動かしている」は違うことに注意

頭部の飛球方向と上下方向への移動距離においては、熟練者と非熟練者では有意な差が認められませんでした。つまり、非熟練者の頭が動くように、熟練者でも頭は動いていました。ただし、バックスイング開始から頭部の移動方向に非熟練者との違いがあったのです。

つまり、**熟練者のパッティングにおいて頭が動いていないように見えるのは、バックスイングのはじめにカップ方向に動いた頭が、インパクトからフィニッシュにかけて再び元の位置近くに戻っていたからなのです。**

熟練者がこのような打ち方をしている理由として、重心（圧力の中心）をカラダの中心にキープしておくためであると考えられます。重心を動かさないことを意図してストロークをした結果、腕とパターの動きとのバランスをとるために、頭が逆方向に動いたのでしょう。

熟練者自身の頭部は実際には動いているのに関わらず、他者には頭を動かさないとアドバイスをするという矛盾について推測すれば、熟練者自身がこのような動きでストロークしていることを認識できていないためと思われます。つまり、彼らは意図的にこのような運動パターンを選択しているわけではなく、やはりバランスの安定のみを意図して動きを作っているからと考えられます。となると、そのなかには本当に頭が動かないで打っているプロがいる可能性も予想されます。

では、以上のことを理解したからといって、「バックスイング時に積極的に頭をパターと逆に動かそう」としたり、「フォローでは頭を戻す動きを入れよう」としても、うまくいくでしょうか? 当の熟練者自身もそれを意図的に行なっているのではないのです。やはり、ストローク中はＰＧＡ教本が示すように「頭は上下左右に動かないようにします」という意識が必要というアドバイスに変わりはありません。その意識のなかで、自然に頭部が熟練者と同じ動きを生み出す感覚を体感するための練習法を紹介しておきます。

固定の椅子にすわるか、地面にお尻をつけます。背もたれには寄りかからず、足は30センチ地面から浮かし、お尻だけで支えてください。腹筋を使っている状態です。

その姿勢で、パターを持って素振りを繰り返します。バックスイングすると、浮いている両脚も頭部もわずかにパターヘッドの動きと反対方向に動くことを体感できます。この素振りを繰り返すことで、プロのような頭が動かないストロークを作る感覚が体感できると思います（16ページ参照）。

Subject # 4

「入れごろ外しごろ」はアマなら1・5メートル。それ以上は外すほうが多い

USPGAツアーの平均は2・4メートルだが……

日本では入るか入らないかが微妙な残り距離のパッティングのことを「入れごろ外しごろ」と言い、スコアを決めるうえで大切な距離だという認識があります。

しかしながら、海外にはこれに相当するような言葉は見当たりません。「(外してしまって)惜しかったね」という意味を表す「Close」や「Almost」という言葉はありますが、使う場面が違います。「入れごろ外しごろ」という言葉があるからこそ、その状況を迎えたときに、心理的な重圧を必要以上に感じてしまい、微妙な動きの誤差を生んでしまってい

るのかもしれないと考えると、複雑な想いが湧いてきます。

ここでは、大胆にも「入れごろ外しごろ」の距離を定義してみたいと考えました。そのうえで、ショートパットに関する現実を紹介するとともにショートパットの重要性を訴え、パッティングレベルを確認しながら高めていける練習法を提案します。

その手助けとなる書籍が2014年にアメリカで発刊されたマーク・ブローディの『Every Shot Counts』（邦題『ゴルフデータ革命』プレジデント社）です。

この著書はPGAツアーで毎ショットの飛距離やどれだけピンに近づけたかの距離、パッティングの結果などを詳細に分析した研究です。とくにパッティングに関するデータ量は莫大で、2003年~2012年のUSPGAツアーにおける400万回近くのパットを計測し、それらの分析に基づくデータを惜しみなく発表しています。

さて、「入れごろ外しごろ」の距離を定量的に定義するにあたり、122ページの表7に注目してください。これは『Every Shot Counts』55ページを元に、フィート表示をメートルに換算して作り直したものです。これによると2003年~2012年のUSPGAツアーにおける400万回近くのパット分析のデータでは、1パットでカップインする確率が50パーセントになる距離は2・4メートルだというのです。

その距離からカップインするまでに要した平均パット数1・50。つまり入るか入らない

かが五分五分になる距離が2・4メートルということです。

意外に短い、と思うのではないでしょうか？　でも、それが膨大なデータから分析された結果なのです。パッティングはみなさんが思っているほど簡単ではありません。普段私たちが目にするテレビのトーナメント中継、またはダイジェスト版で放映されるニュースなどでは、長い距離のパットが決められるシーンが繰り返しリプレイされますよね。そのため私たちには「プロは遠いパットも高い確率で難なく沈めている」ようなイメージが植えつけられています。外したパットが繰り返し映し出されることはあまりありませんから、ツアー選手はまるで魔法の杖を操ってカップインをさせているような印象すら残ります。彼らの使う高額なパターが一般ゴルファーにも売れる要因のひとつには、こうした印象があるのかもしれませんね。

でも、プロでも1パットで入る確率が50パーセントになる距離は2・4メートル、これがデータの示した現実なのです。

「入れごろ外しごろ」とはどちらの結果になってもおかしくないという意味と解釈すれば、この「1パットで入る確率が50％になる距離、なおかつ、平均パット数が1・50に最も近くなる距離」、このふたつの条件を満たす距離こそが「入れごろ外しごろ」の距離と定義できると思います。納得していただけますか？

表7 引用文献1（『Every Shot Counts』）のP55をもとに作図

距離（m）	1パットの確率		平均パット数	
	ツアー選手	90プレーヤー	ツアー選手	90プレーヤー
0.6	99%	95%	1.01	1.06
0.9	96%	84%	1.04	1.17
1.2	88%	65%	1.13	1.36
1.5	77%	**50%**	1.23	**1.51**
1.8	66%	39%	1.34	1.62
2.1	58%	32%	1.42	1.69
2.4	**50%**	27%	**1.50**	1.75
2.7	45%	23%	1.56	1.79
3.0	40%	20%	1.61	1.82

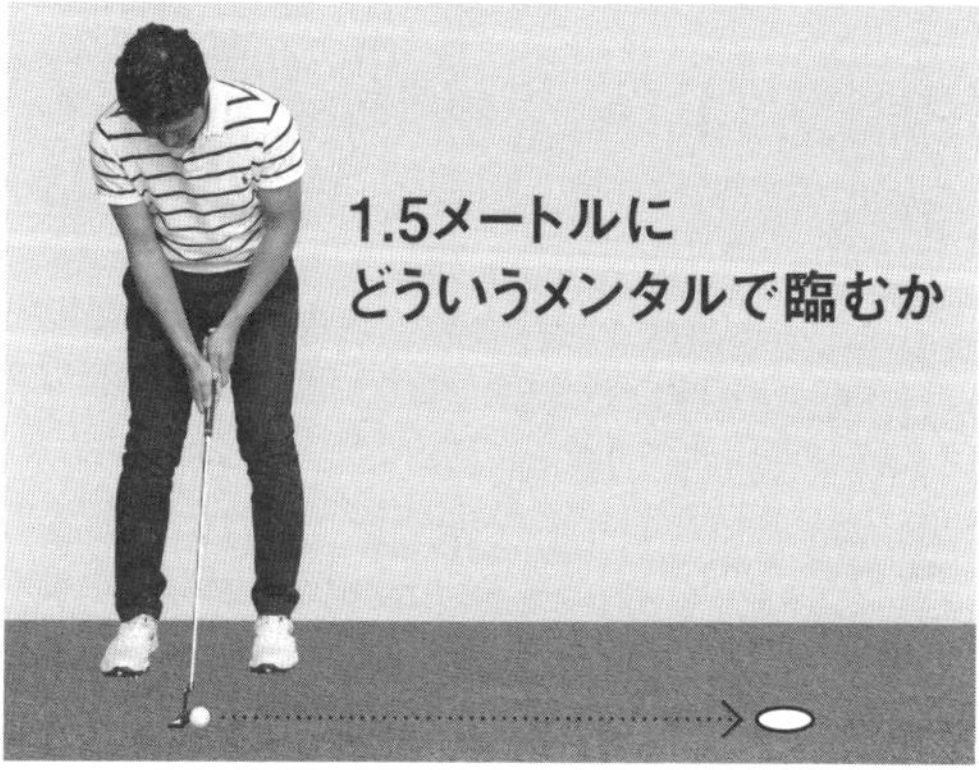

「1.5メートルは入れて当然、入れなければいけない距離」なのだろうか。実はアマチュアにとって、入れるのも外すのも50%の距離だというのが事実だ

この研究でわかったこと

①USPGAツアーで入るか入らないか半々の確率となるのは2・4メートル。
②平均スコアが90のゴルファーが入るか入らないか半々となるのは1・5メートル。

「入れごろ外しごろ」＝1・5メートルでも50％は外れる

一方、スコア90のアマチュアのデータを見てみると「入れごろ外しごろ」の距離はプロよりも短くなっています。これも『Every Shot Counts』55ページに、計測データが発表されています。

それによると、平均スコアが90のゴルファーが入るか入らないか半々となるのは、1・5メートルとあります。

プロが2・4メートルであるのに対し、アマは1・5メートルが「入れごろ外しごろ」の距離という結果です。いずれにしても1〜3メートルの比較的短い距離のパッティングが、どのレベルのゴルファーにとっても重要なのは間違いないとして、これを外す確率も「十分に高い」のが現実の平均値なのです。

プロのパットはどこからでも入るというようなメディアで流れる印象を払拭すること。それと同時に、**アマチュアにとっても1・5メートル程度は「入れて当然」の距離ではないという事実を頭に入れること**。それを知ることで、必要以上に自分のパットに期待し過ぎず、気楽にパッティングに臨むことができるようになると思います。またそれを外して必要以上に落胆することも、自分に怒りを感じることもなくなるでしょう。それによって、平穏なメンタリティーでプレーを続けやすくなると思います。

プロは、2・4メートルが、そういう距離だということを、すでに知って、プレーしています。それを知っていると知っていないとでは、大違いだということは、もうおわかりですよね。まずは、それを知ってパッティングに臨むこと。それだけでも、プロに近づけるのです。

「入れごろ外しごろ」の距離についてはは納得していただけましたか？　もしも、1・5メートルからのパットを50パーセントの確率で沈めることができていないならば、あなたは「アマチュアの平均以下」ということになります。悔しいですよね。

しかも、よく言われるように、「パッティングは高い身体的能力を必要としない動きだから、アマチュアにもプロに匹敵する技術を身につけることが可能」。つまり、プロの2・4メートルというデータに近づいていける可能性も十分にあるのです。

それでは実際に練習する際はどのように練習を行なえばよいでしょうか？

グリップやアドレスの種類、ストロークの仕方など打ち方については挙げればキリがないので、今回はストロークの仕方ではなく、自身のショートパットレベルを確認しながら目標をもって練習できる方法を紹介します。

自身の結果とPGAツアー選手とを比較しながらの練習は、楽しく目標をもって行なうことができると思います。あなたもショートパットではPGAツアー選手並みの成功率になるのも夢ではないのです。

練習法①距離の短いパットから3球中2球入れる

3球のボールを1メートル、2メートル、3メートルと縦一列に並べる
近いほうから順番にカップインを狙っていく
上記ツアープロのデータから3球中2球入れば合格ラインとする

練習法②カップまわり3方向から3球中2球入れる
1メートルの距離をカップのまわりを囲み3方向から打つ。全部カップインが合格
2メートルの距離をカップのまわりを囲み3方向から打つ。3球中2球カップインが合格
3メートルの距離をカップのまわりを囲み3方向から打つ。3球中2球カップインが合格

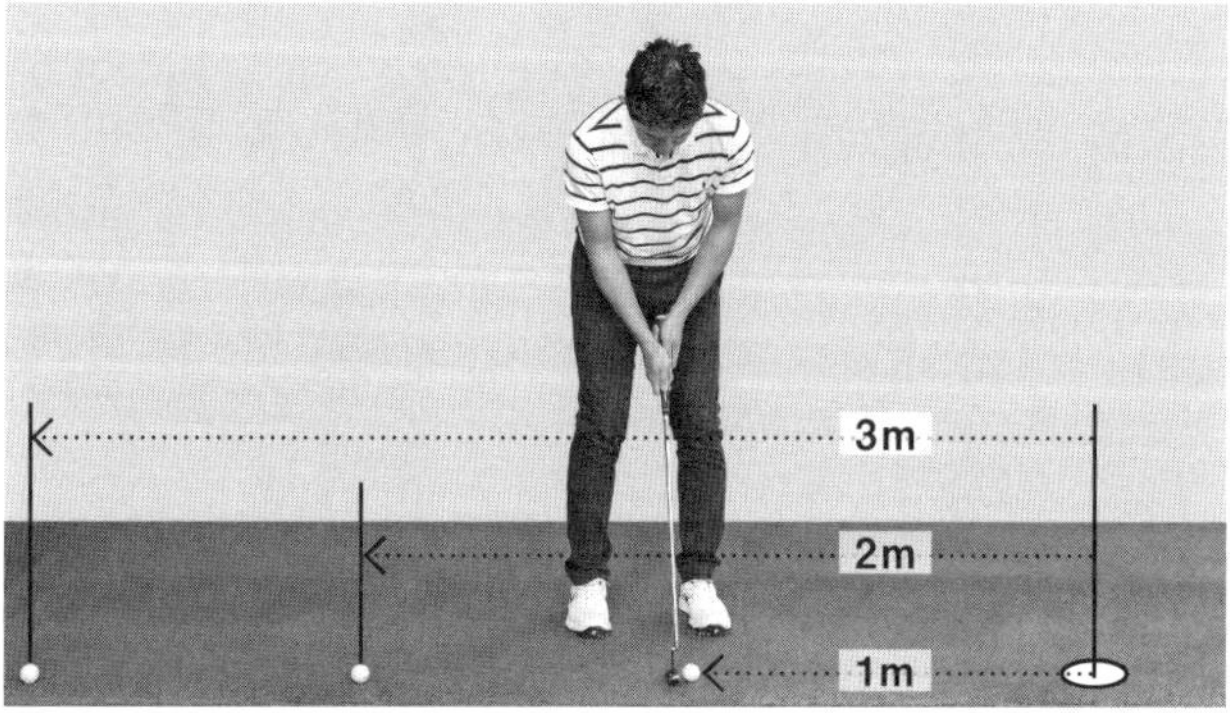

[引用文献]
1) Broadie, M. (2014). Every Shot Counts: Using the Revolutionary Strokes Gained Approach to Improve Your Golf Performance and Strategy. Avery.
2) マーク・ブローディ, ゴルフデータ革命, プレジデント社, 2014年

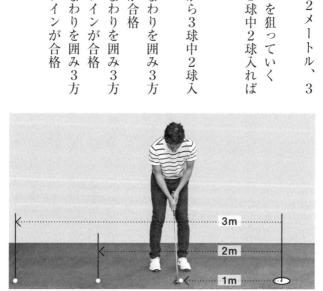

Subject #5

43センチオーバーという ベストな距離感に加え 「限度は90センチ」も念頭に

「43センチオーバーが最も入る」は知っていると思いますが……

パッティングにおいて最適の距離感については、過去の名プレーヤーもさまざまな格言を残しています。

代表的なものは何といっても「Never up, never in（届かなければ入らない）」でしょう。全英オープン4回優勝のトム・モリス・シニア（1851～1908年）の言葉ですから、100年以上も言われ続けてきているわけです。日本に、はじめてゴルフ場（神戸ゴルフ倶楽部）が造られたのは1903年（明治36年）ですが、それ以前よりすでにこの格言が言われていたと推測されます。

その後の時代では、このあまりにも有名な格言に対し、「パットはカップオーバーするくらいに打てという言葉があるが、これはゴルフ界の悪しき名言のひとつだと思う。パットは、最後のひと転がりで入るように打つべきだ」と唱えたのは、トム・カイトやベン・クレンショー、デービス・ラブⅢらメジャーチャンピオンを育てた名コーチのハービィー・ペニック（1904〜1995年）です。球聖ボビー・ジョーンズも著書のなかで「カップに届かないボールが入らないのは明白であるが、行き過ぎたボールも入らないのだ」と述べていますし、帝王ジャック・ニクラウスにも「ボールがカップ上で停止するようにパットを軟らかく打て」というアドバイスの言葉があります。

このような疑問に明確なデータで答えを示したのが、今ではパッティング理論のスタンダードとなっているデーブ・ペルツの実験です。ご存知の方も多いと思いますが、ショートゲームの名コーチとして名高いペルツがニック・マストローニとの共著である『パッティングの科学』（ベースボールマガジン社）のなかで報告したさまざまな実験結果は、示唆に富んだものばかりです。

ここでとりあげる実験はなかでも有名な、次の内容です。

狙った方向と狙った距離に正確に転がすことのできる装置（True Roller）を作り、実際のグリーン上の3・6メートルの距離で7・5センチ曲がるラインでテストを1800回繰り返し、ボールを転がしました。

その結果、最も確率の高い距離感（スピード）は、カップの奥側のエッジから17インチ（43・18センチ）オーバーのところで68パーセントであり、カップ奥側のエッジにピッタリの距離感いわゆるジャストタッチでは、わずか12パーセントしかカップインしなかったのです（図20）。

同書の図をさらにわかりやすくしたのが図20ですが、それによると50パーセント以上の高確率でカップインできる距離感（スピード）は、カップ奥側のエッジから約25・4～88・9センチオーバーする程度の強さの範囲だったことがわかりました。

図 20

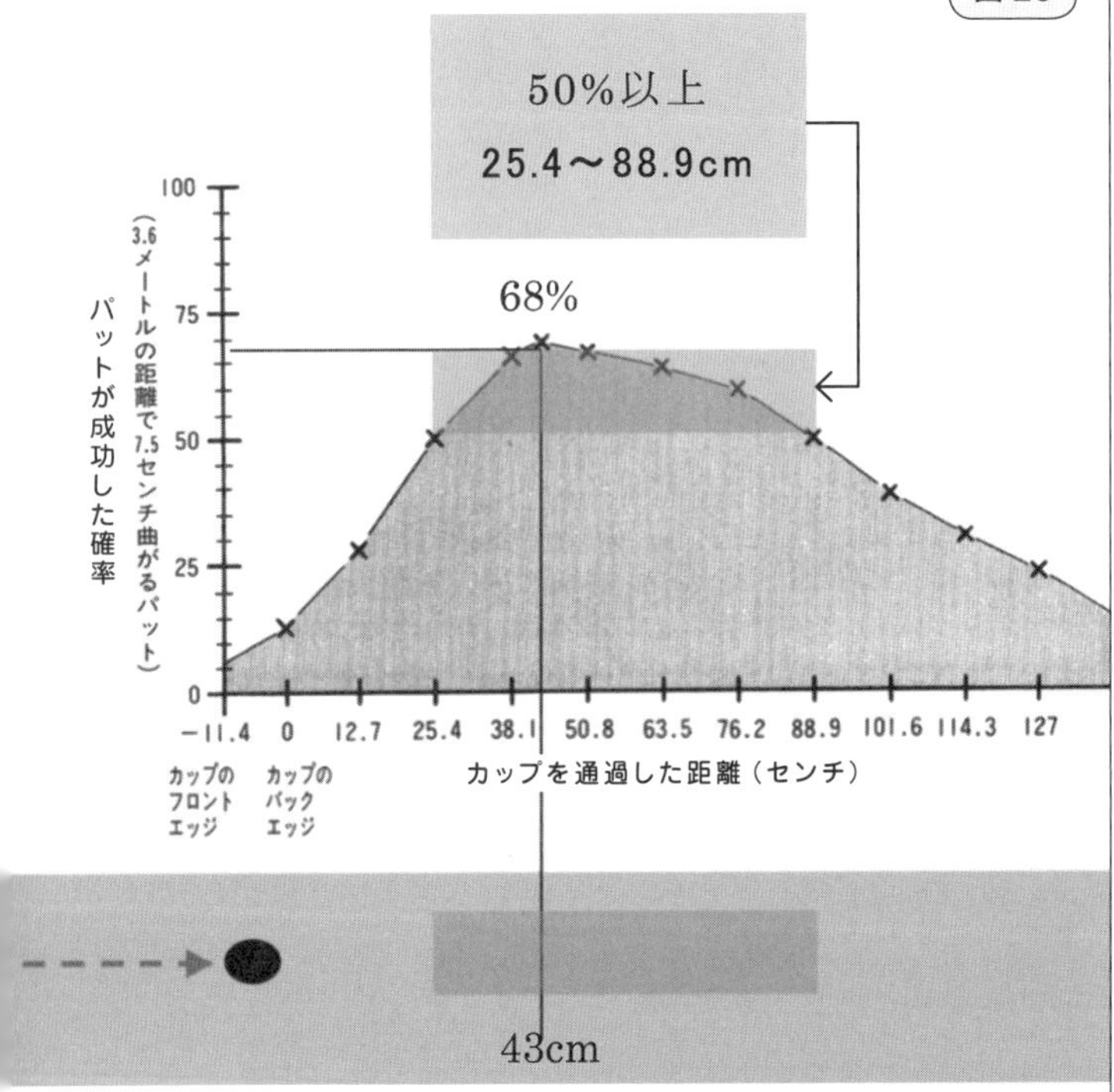

25.4センチ以上オーバーの距離感で50パーセント、88.9センチオーバーまでの強さも50パーセントの確率でカップインする。その中間の強さはそれ以上の割合いでカップインする

この研究でわかったこと

●最も入る確率が高くなるのは43センチオーバーの距離感の転がり。しかしそれでも入る確率は68%である。

●入る確率が50%以上となるのは、25・4センチ~88・9センチオーバーの距離感である。

パッティングの科学p96より作図

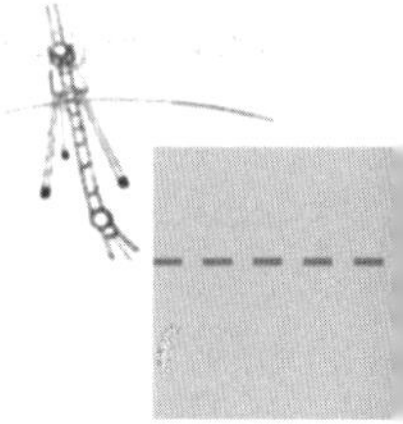

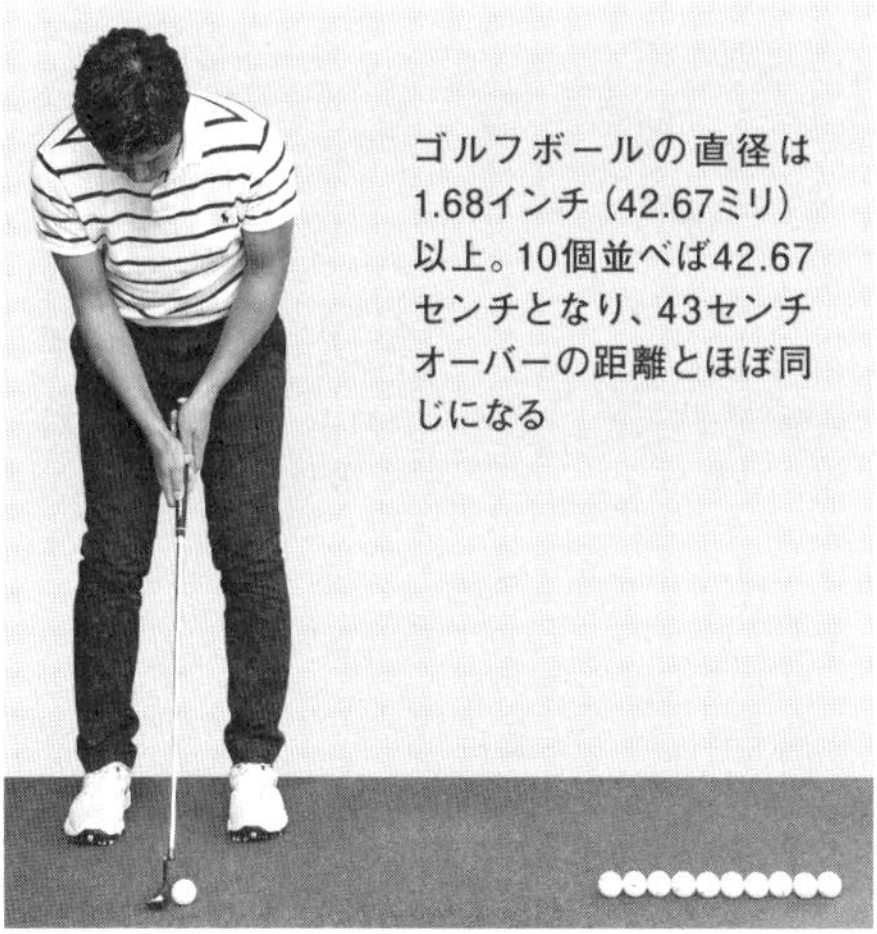

ゴルフボールの直径は1.68インチ(42.67ミリ)以上。10個並べば42.67センチとなり、43センチオーバーの距離とほぼ同じになる

正確な装置でも100パーセントカップインとならない理由

精密な装置で転がしたにも関わらず、なぜ100パーセントの確率でカップインにならなかったのでしょうか？　ペルツは、グリーンの面が厳密な意味で平面ではないことを指摘しています。グリーンの表面が凸凹しているので、ボールの転がりにイレギュラーが生じ、同じ方向で同じ距離に打ち出したとしても、すべてがカップインするわけではなくなると述べているのです。

では、なぜカップをある程度以上オーバーする距離感で打ったときはカップイン率が高くなるのでしょう。それは自転車乗りに例えて説明できます。自転車はスピードが出ていると、フラフラせずに進んで行けます。直進性が高いわけです。しかし、スピードを落としてゆっくり進もうとすると、途端に右や左に揺れだし、安定して真っすぐに進まなくなってしまいます。

ゴルフボールでもこれと同じ現象が起きており、ある程度のスピードがあるうちはグリーン面の凹凸に左右されない直進性があるのですが、カップ際でスピードが落ちてくると直進性を失い、わずかな凸凹の影響も受けやすくなってしまうということ。そのためカップ間際で左右どちらにでも曲がってしまうのです。

凹凸に負けず真っすぐ進ませるには、ある程度のスピードが必要なのです。かといって強過ぎてはカップの上を飛び越えてしまいます。そのある程度のスピードを具体的な数字で「43センチ」を具体的に示したことがペルツの研究での功績と言えるでしょう。

ただ「43センチ」は広く知られるようになってきましたが、それでカップインするのが68％の確率であること（100パーセントではない）、50パーセントの確率を得られるのは、約25・4～88・9センチとかなり大きな幅があることについても、もう少し知られてもいいのではないかと考える次第です。

3パットを避けるため、1～3メートルの距離感を磨く

「ジャストタッチか、オーバーか」の論争についての結論は、理解いただけたと思います。でも、だからと言って、なんでもかんでもオーバーすればよいわけではありません。オーバーは約90センチまで。それ以上のオーバーでは、今度は3パットのリスクが生じてしまいます。

再びマーク・ブローディの『Every Shot Counts』を引用しますが、平均スコアが90の

プレーヤーが3パットをする確率は、3メートルでは2パーセント、4・5メートルでは5パーセント、6メートルで8パーセント、9メートルでは18パーセントとなるそうです。1パットで狙える距離は個人によって変わってきますが、3パットの危険性が5パーセントとなる4・5メートルを超える状況では、オーバー目に狙うことを避けたほうがいいのではないでしょうか。それを超えたら、とにかくカップに近づけ、2パットで沈めることでスコアをよくしていけると考えられます。

3パットの確率をできるだけ減らすためには、1〜3メートル程度の近距離での微細な距離感を身につけることが効果的です。そのためには、カップインの練習ばかりではなく、狙ったところにボールを止める練習をすることをおすすめします。

カップインさせると、どのくらいオーバーの距離感で打てたのかを確かめられない。そのため、ターゲットをカップなどではなく、最後のひと転がりまで確かめられる目印などを用意するとよい

[引用著書]
Pelz, D., & Mastroni, N. (2004). Putt Like the Pros: Dave Pelz's Scientific Way to Improving Your Stroke, Reading Greens, and Lowering Your Score: Aurum.
パッティングの科学　デーブ・ペルツ著　ニック・マストローニ著　児玉光雄訳
ベースボールマガジン社　(1996)

Subject #6

真っすぐ構えることも大事だが狙いどおりに打ち出すことがより重要

構えの向きに狂いがあっても狙った方向へ打ち出せる

パットを外したあと、あるいは打ってはいけない方向へショットを打ってしまったあとに、「今、構えがそっちを向いていたよ」などと指摘されたことはありませんか？　そう言われると気になって、それ以降、居心地よく構えられなくなったりします。

真っすぐターゲットに向かって構えることが、その方向に打ち出す基本だと言われることがあります。しかし、どう見てもターゲットよりも右に構えているのに、正確にターゲットへ打ち出し続けるゴルファーもいます。

はたして「構えている向き＝動きのなかでフェースが自然に戻ってくるインパクトの向き＝打ち出し方向」なのでしょうか。

パッティングのアドレスと方向性についての興味深い研究があります。「パッティングにおける認知と動作」という論文で、２０１１年の『ジャーナル・オブ・スポーツ・アンド・エクササイズ・サイコロジー』に発表されたものです。

実験に参加したのは、11人のティーチングプロと11人の初級者。

アドレス時のフェース向きをレーザーポインタで測定し、そのアドレスから打ち出したボールの方向を30球、計測しています。

ポイントは10球ずつ、頭の位置を変えたこと。

はじめの10球は、頭の位置について、何も指示せず打たせます。ウォームアップですね。

頭の位置を変えて10球ずつ測定

①は手の真上に頭をセット。②はボールの真上に頭をセット。それぞれの場合のフェースの向きと、打球方向を10球ずつ計測した

図21

アドレスでの頭の位置の違いと、アドレス向き、打ち出し向きのズレの関係

初級者はアドレスでのフェース向きに関わらず、打ち出しが右になっている。プロの結果を見てもアドレスでのフェース向きと打ち出し方向は一致していない

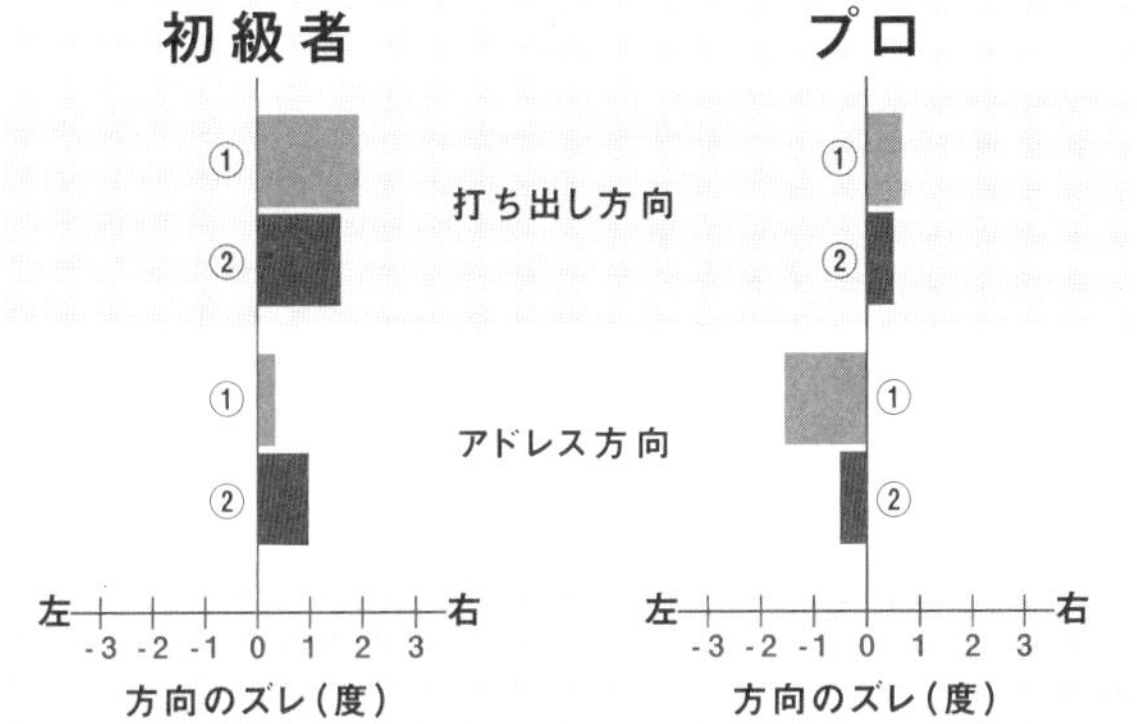

①次の10球は、手の真上に頭をセットしてアドレスして打ちます。
②さらに続く10球は、ボールの真上に頭をセットしてアドレスし、打ちます。

その結果、初級者は①②ともにプロよりも右向きにボールを打ち出しました。

プロは①では、フェース向きをカップよりも左向きに取る傾向が出ましたが、②ではそのような傾向は見られなかったと報告されています(図21)。

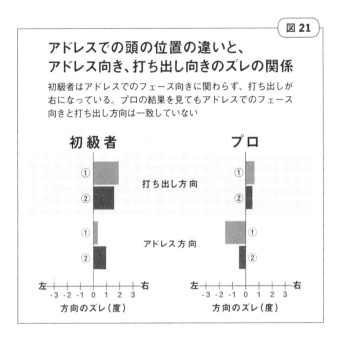

この研究でわかったこと

①手の真上に頭が来るようにアドレスすると、フェースを左に向けやすい。
②ボールの上に頭が来るようにアドレスすると、フェースを右に向けやすい。

頭の位置の違いがアドレスの向きを狂わす

まず、頭の位置が変わると、アドレス時のパターフェースの向きにズレが生じやすいということでしょう。初級者でもプロでも同じようにズレが出ているのです。そして、初級者、プロに共通している傾向は、以下のとおりです。

●手の真上に頭が来るようにアドレスすると、フェースを左に向けやすい

●ボールの上に頭が来るようにアドレスすると、フェースを右に向けやすい

初級者に限定すると、①ではほぼ真っすぐ向けられるのに、②では①よりも右に向けがちだということ。

プロの場合は、①ではフェースを大きく左に向けていたものの、②では左に向ける度合いが弱まっています。つまり、ボールから離れて立つと左にフェースを向ける傾向にあり、ボールに近く立つとその傾向が弱まるということですね。

これは私自身の現場での経験とまったく一致します。ボールから離れて立つと右に向いているように感じるのです。そのため、真っすぐ向けたはずのフェース向きを左にズラします。左に向ければ「真っすぐ」と感じるからです。逆に、ボールに近づいて立つと左を向いているように感じるものです。

この傾向は、自分のプレーでパッティングの方向性やラインの見え方にエラーが多くなってきた際に、調整する材料として活用できそうです。

「目の真下にボールを置く」で訓練を積むことが重要

何の指示も与えずに構えさせた最初の10球の結果では、プロは②ボールの上に頭が来るようにアドレスしていることが多かったのに対し、初級者はほとんどがそうではなかったと記録されています。つまり、ボールからより離れた①に近い間隔で構えていたのです。そしてフェース向きをより正確に向けられたのは、初級者では①であり、プロは②だったのです。

ここで共通するのは、何も指示を与えられなかったときに作っていた構え方と近い構え方のほうが、向きについての結果はよいということ。逆に、それとかけ離れた構え方をすると向きについて大きなエラーが生まれやすい、という傾向です。

この点について、もう少し考えてみましょう。

それまで指導を受けた経験がない初級者が何も指示を与えられなければ、より〝本能的な行動〟〝より自然な行動〟が出やすいと思われます。その初級者の実験結果は、「ボールの上に頭がくるようにアドレスをとると、フェースを真っすぐ向けられる」や「ボールの上に頭が来るようにアドレスすることが最も真っすぐ打ち出しやすい」という説に疑問を投げかけるものになっています。

一方のプロは、指示を与えずに構えさせると、②ボールの上に頭をセットすることが多く、そして②としてそのように頭をセットするよう指示されたときにより目標に真っすぐ向けやすく、結果もわずかながらそのほうがよかったのです。これは、普段慣れ親しんだボール位置、あるいはその位置でトレーニングを積んできたからにほかなりません。**つまり、②のように構えるのは、生来の特性を生かすためというより、後天的に獲得した要素だと言えるでしょう。**

それではなぜ多くのプロが、②ボールの上に頭が来るようにアドレスをするのか。そこにはどんな利点があるのでしょうか。

昨今は多くのプロがボールにマーカーなどで線を引き、その線を打ち出すラインに真っすぐ合わせてボールをセットするようになりました。そして、その線に合わせアドレスをとっています。ボール（線）の真上に目をセットすれば、合わせたラインと構えたときの方向についての〝認知〟のズレがなくなります。ところがボールから離れて立つと、直線だったはずのラインが曲線に見えてしまい、正確な方向がわからなくなります。

この線が真っすぐ見えているかぎり、頭の位置は正しくセットできていることになります。そして、その位置に頭をセットする前提で、イメージどおりにストロークする訓練を積んできています。だから生来の傾向ではないにしろ、そこにこだわることで真っすぐ構え、真っすぐ打ち出す確率を高められる、ということは言えるようです。

アドレス時のフェース面＝ボールの打ち出し方向ではない

この論文にはもうひとつ興味深いデータが提示されていました。

初級者の結果をみると、アドレス時のフェースの面が真っすぐに近い状態にあったとしても、ボールは右方向に打ち出されています。

プロの結果をみると、アドレス時のフェース面が約2度左方向にズレていたとしても、結果は右方向にボールを打ち出していたのです。

これは**「アドレス時のフェース面＝ボールの飛び出し方向ではない」**ということを示しています。プロであっても必ず真っすぐにフェースを向けてアドレスをとり、そして真っすぐに打ち出しているわけではないのです。こうした結果をみると、ますますパッティングメカニズムの複雑性を感じます。

そして、プロではアドレス時に多少のフェース向きの誤差があるとしても、ボールの打ち出し方向は初級者よりも正確ということです。

この結果からはっきり言えることは、**どんなに正確にクラブフェースを真っすぐ向ける練習を積んだとしても、だからといって真っすぐ狙いどおりに打てるのかと言えば、そうではない**ということです。実際にボールを打って学習していかなければボールの打ち出し方向の正確性にはつながらない可能性が高いと言えます。

ただし、アドレス時のフェースの向きはどうでもよいということではありません。「ある程度の正確性があればよい」と理解してください。プロでも間違えているのですから。

練習は、アドレスよりも打ち出し方向に意識を向ける

昨今はフェースの向きを含むアドレスのアラインメントに注意をフォーカスし過ぎているゴルファーが多く見られます。そこに意識を置き過ぎるがゆえに、一番大切なボールの飛び出し方向や距離に注意の焦点を向けることができなくなっています。

外したパッティングの原因をアドレスやストロークの仕方ばかりに求めているようですが、本当の原因は、きっとそこにはないのです。

アドレス時でのフェース面の大きなズレはもちろん修正する必要があります。とくに未経験者から初級者および中級者においては、多くの人が陥っている「目標より右を向いて

構えるクセ」「フェースを右に向けて構えてしまうクセ」は修正するほうがいいと思います。

しかし、向きの作り方を含め、ある程度パッティングの技術を身につけたゴルファーにとっては、**アドレス時のわずかなフェースの向きのズレを修正することに時間を割くことよりも、どの方向にボールが飛び出すかに意識を集中させて打つ練習を行なったほうが効果的**ということは言えそうです。

これはパッティングのみならず、ショットにおいても同じことがあてはまると断言しておきましょう。

ここでプロツアーの練習グリーンでよく行なわれている練習方法を紹介しましょう。

ボールから30センチ先にボール1個がギリギリ通るか通らないかの間隔に2本のティペグを差したり、2個のボールを置きます。その間をボールが通過するように練習を重ねていきます。間隔はレベルや練習距離によって狭くしたり広くしたりして調整してください。この練習の利点は、狙ったところにボールを転がすという、パッティングに本来求められることに意識をフォーカスでき、コースで求められることに直結する練習法です。

[引用文献]
van Lier, W. H., van der Kamp, J., & Savelsbergh, G. J. (2011). Perception and action in golf putting: Skill differences reflect calibration. Journal of Sport and Exercise Psychology, 33(3), 349-369.

Subject #7

ショートパットがカップに届かない原因は「緊張」

緊張を自覚することから対策が始まる

短い距離のパッティングから、ゴルファーは逃れることはできません。ミドルおよびロングパットが1回で入らないかぎり、多くの場合「入って当然」と思われる距離のパットを沈める必要が残ります。そのために、短い距離のパッティングには、たいへんなプレッシャーがかかり、多くのゴルファーを不安に陥れています。

短い距離のパッティングは、距離の長いパットと比べて1パットで沈める確率は高く、「やさしいはず」と考えがちです。しかしそれでもなお、短い距離を何度も入れ続けることとなると、長いパットを1パットで入れるのと同様、もしくはそれ以上にむずかしいことだと考え直す必要があるのです。

短い距離のパットを「入って当然」と考えるからこそ、「外れたらどうしよう」などの不安が襲ってくるのでしょう。ここでは、短い距離のパッティングにおいて、不安に対する傾向における2タイプ（低不安、高不安）の実験参加者における比較、また、プレッシャーのない条件とプレッシャーのある条件での比較において興味深い結果を示した論文を紹介します。タイトルは「ゴルフパッティング中の認識距離」で2013年に発表されています。

実験参加者は、アマチュア大会に参加した経験のある23名のゴルファー。その内訳は男性10人、女性13人で、平均年齢は38・6±13・3歳。平均ハンディキャップは5・7±2・8。ゴルフ歴14・5±6・4年でした。

長さ5メートル、幅1・82メートル、高さ0・3メートルの台の上に人工芝を敷き、通常のカップ（直径10・8センチ、深さ約10センチ）が作られた実験室内でパッティングを行なっています。すべての参加者は、同一のパターとボールを使用し、次のような条件を設定してパッティングさせ、それをデジタルビデオカメラ2台で撮影し、参加者の2次元動作解析を行ないました。

条件は次のとおりです。

参加者は、ノンプレッシャー条件と、プレッシャー条件で、1・25メートル、1・50メートル、1・75メートルという3つの距離をランダムに3回パッティングしました。それを5セット、合計15回行ないました。

距離は数値では示さずに打たせています。ノンプレッシャー条件では、時間に制限はなく、参加者は実験者によってマット上に置かれたボールをそのまま打ってくださいとだけ指示されて、パッティングしています。

プレッシャー条件では、12人の観客の面前という状況を設定し、15回中12回以上パットを沈めれば2000円が与えられ、逆に12回以下であれば2000円を支払わなければならず、そのうえ、12回以上入るまでは何回でも挑戦しなければならないと説明を受けています。ただ、実際にはペナルティは課されませんでした。

また、参加者は、実験直前にSTAI Y-1という20項目の質問で構成された記入式の「状態不安テスト」の結果と、毎回、パッティング時の2秒ごとに測定した心拍数の結果を用いて、次の条件に沿って2グループに分けられました。状態不安とは、ある特定の場面・時点で感じる不安傾向を指します。なお、どちらの条件も満たさなかった者は分析対象から除外されています。

①高不安グループ：STAI Y-1のスコアと平均心拍数がともに中央値より上位に位置した8名
②低不安グループ：STAI Y-1のスコアと平均心拍数がともに中央値より下位に位置した7名

その結果のグラフをお見せしましょう。パッティングスコアとは、入った確率を示します。0・8は80％がカップインしたことを示します。

図22は、全距離におけるパッティングスコアです。

低不安グループの高プレッ

図22

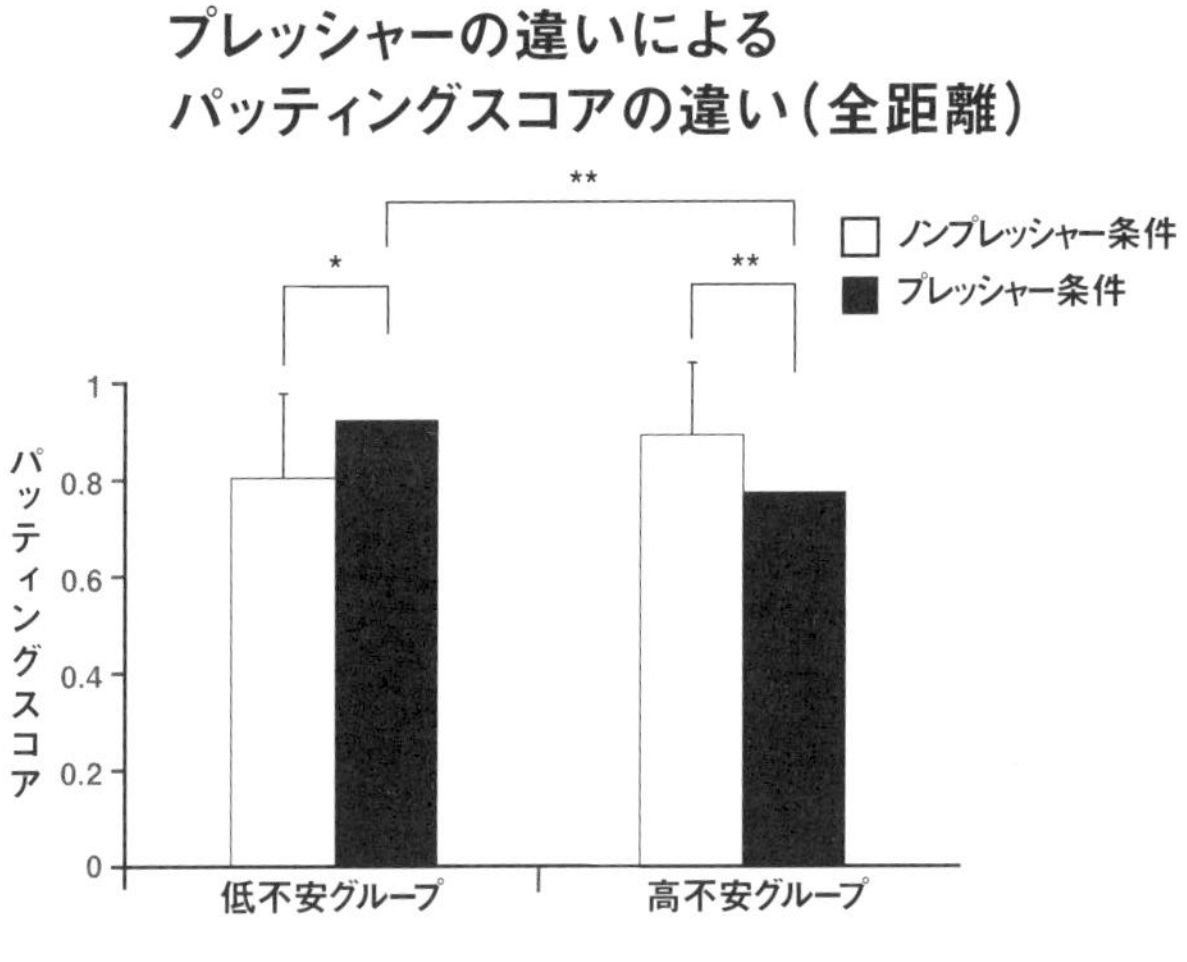

低不安グループの人はプレッシャーのある状況のほうが結果がよく、高不安グループの人は逆の結果になった

シャー条件下の結果は、高不安グループの同条件下のよりも優れたものとなっていました。

一方、低不安グループでは、プレッシャー条件のほうがノンプレッシャー条件よりも結果がよくなりました。

対照的に、高不安グループでは、プレッシャー条件では成績が悪くなりました。

これらを総合的に考え合わせると、**元々の不安傾向が低いものにはある程度のプレッシャーが好結果をもたらし、そうでないものには過度のプレッシャーは負の結果をもたらす**ことを示唆していると

図 23

各距離別のパッティングスコア

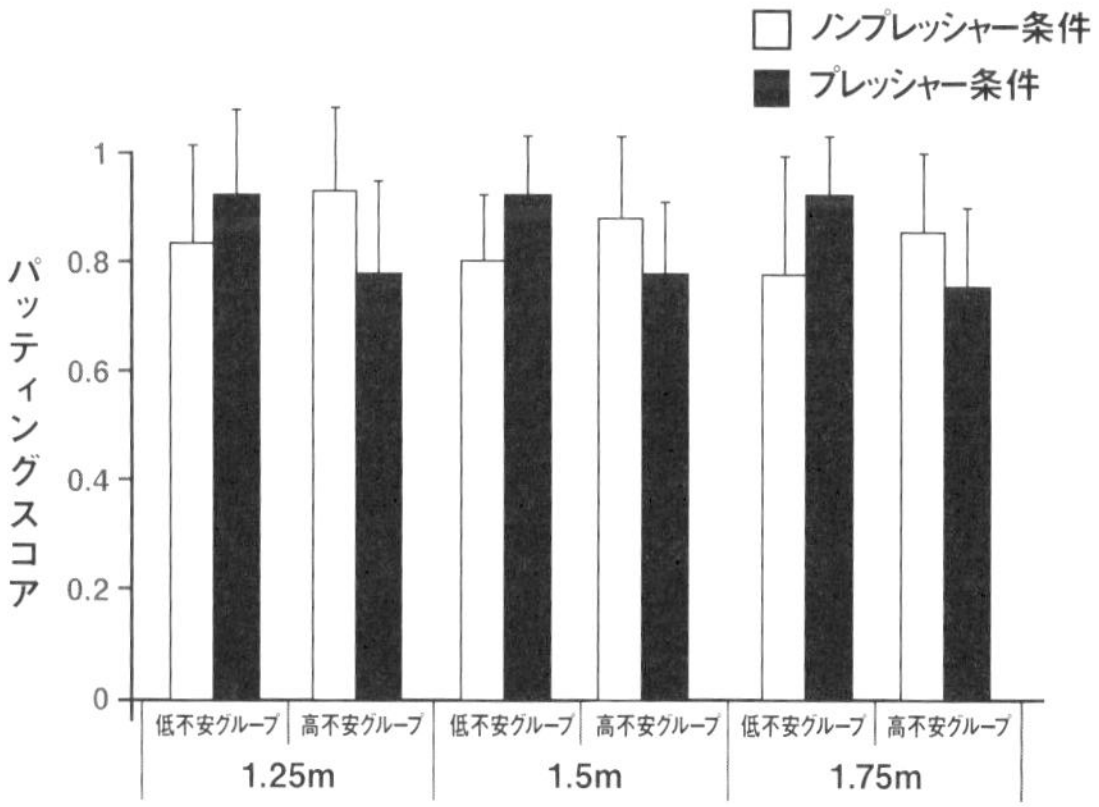

各距離におけるパッティングスコアには図22で示した傾向が現れた

言えるようです。

図23は、各距離別でのパッティングスコアを示しています。それぞれには統計上意味のある差は認められていませんが、傾向としては、3つの距離で図22同様のことがうかがえます。

図24は、各距離でのクラブヘッドのインパクト速度を示しています。1・50メートルと1・75メートルでは、インパクト速度はプレッシャーの有無に影響を受けないようです。しかし、1・25メートルと距離が短くなると対照的な

図 24

各距離別のインパクトスピード

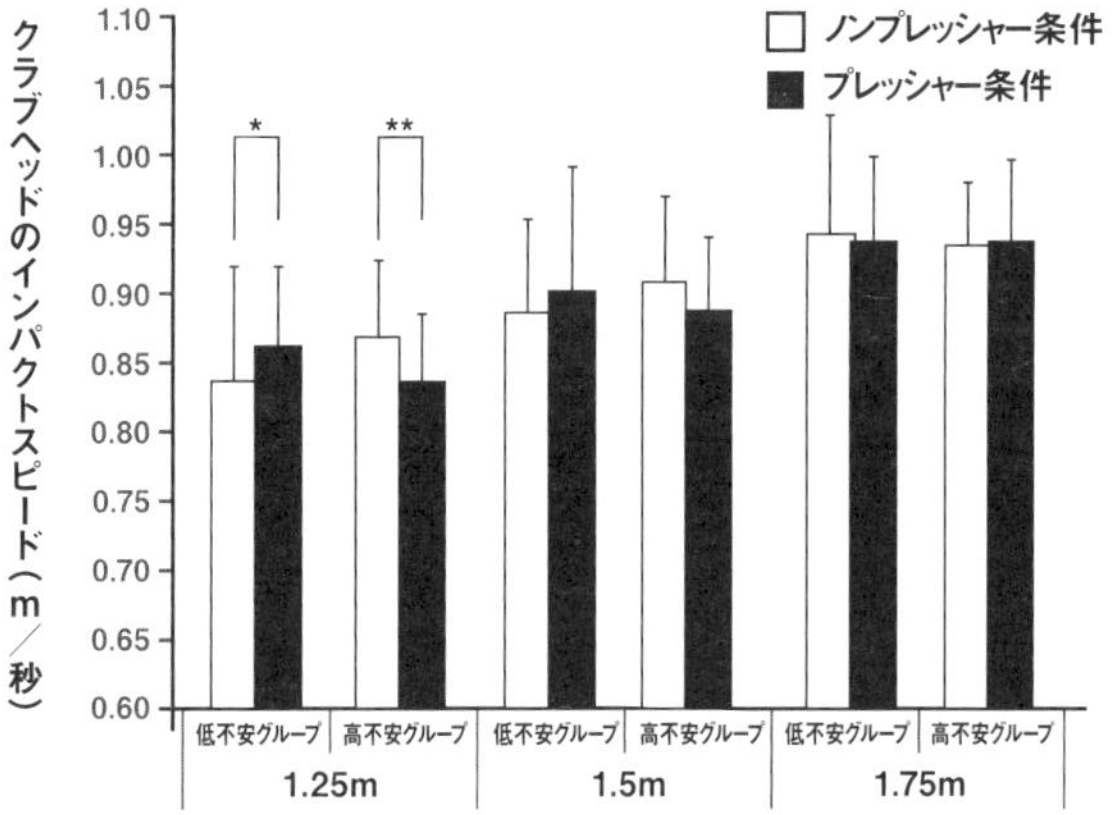

1.5mと1.75mではプレッシャーの有無に影響を受けないが、1.25mには違いが見られた。しかも低不安グループと高不安グループでは正反対の傾向が出た

図25

各距離別のバックスイングの振り幅

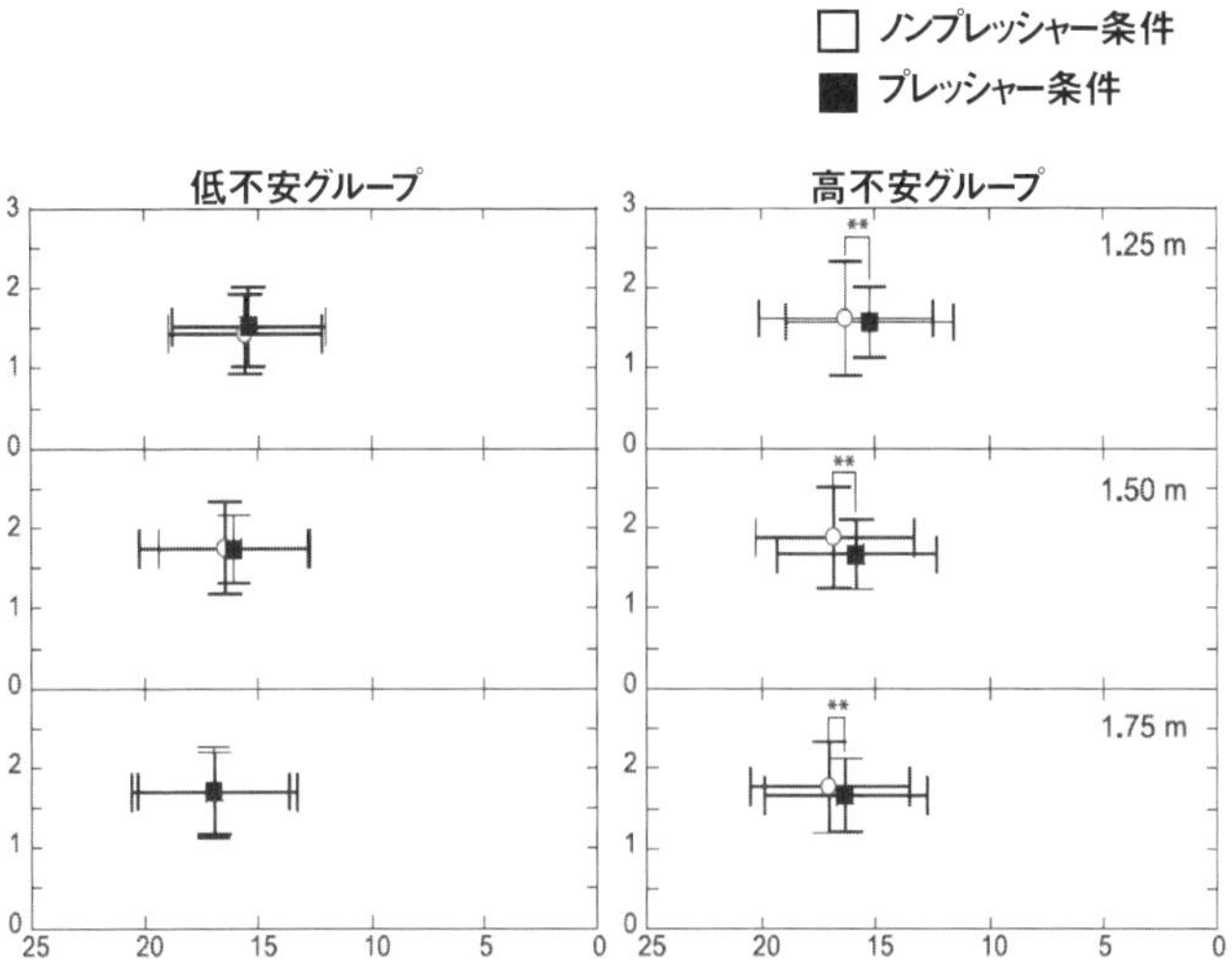

高不安グループはプレッシャー条件でバックスイングが小さくなる傾向が見られた

傾向を示し、高不安グループでは、プレッシャー条件でインパクト速度が遅くなり、逆に低不安グループでは、プレッシャー条件下でインパクト速度が速くなるという傾向を示していました。

図25では、各距離におけるバックスイングの振り幅をプレッシャー条件とノンプレッシャー条件で比べています。低不安グループでは、全距離、両条件において有意な差はなかった一方、高不安グループでは、全距離においてプレッシャー条件でバックスイングの振り幅があきらかに短くなっています。

この研究でわかったこと

●低不安の傾向をもつ人（あまり不安を感じないタイプ）は、プレッシャー条件に強く、高不安グループ（不安を感じやすいタイプ）はプレッシャー条件に弱い。

●低不安傾向をもつ人では、全距離、両条件において差は出づらい。

●高不安傾向をもつ人では、全距離においてプレッシャー条件でバックスイングの振り幅が短くなる。

「ショートシューティング現象」への適応の仕方を学ぼう

低不安のグループは、プレッシャー条件に強く、高不安グループはプレッシャー条件に弱いという結果でした(図22)。

この結果を生かすには、非常に明白なことですが、まず、自己の不安傾向を知ることが求められます。

ただし、自己の不安傾向がわかったところでその不安を取り除くことは可能なのだろうか？ という疑問がわきます。ゴルフコースに出れば誰しも不安になる場面は何度もあるものです。低不安のグループと判定されるような人でも、プレッシャーの強度が高まれば、高不安のグループの人と同じ反応が出てくるはずです。その状況に置いて、ポジティブな思いだけを増幅することで、その場の不安を0にするような高い能力があればそれでOKでしょう……。

しかし、多くの場合は、そう簡単にはいきません。

そこで、不安になったときの対処法として、大きく分けてふたつの手段を提案しておきましょう。ひとつめは、**そもそもの不安をポジティブなマインドや自己暗示などによって**

克服する方法。ふたつめは、**その不安は感じながらも、そこで起きやすい症状を自己理解し、それに適応していく方法**です。

第1の手段は臨床心理士などの専門家に任せることにし、ここではとりあげません。第2の手段は、次のとおりです。

今回の短い距離でのパッティング実験結果にあったように、プレッシャー条件下ではバックスイング距離が短くなり、クラブヘッドのインパクト速度が遅くなります。このように、インパクト速度が遅くなってしまう現象を「ショートシューティング」と呼びます。そこでの対策とは、まず、自分自身が不安を感じるようなショートパットでは、第1にその不安を受け入れることです。「ああ、今、自分は不安に思っているな」と自覚してみてください。そのうえで、次にすべき、思いきりテクニカルな対処を提案します。それは、ただ、少し強めに打つ。それだけです。小さくなりやすいバックスイングを少し大きくする程度の意識をもってください。

……、とは言っても、それがわかっていてもできない人もたくさんいることは理解しています。どうしたものでしょうか。それについての答えは、残念ながらあなた自身にしか出せないのです。ショートシューティング現象というものがあることをまず理解し、そして、その場合に自分にとって効果的な方法を開発していく、それしかありません。

実験では、ストレッサー（プレッシャーの原因となるもの）が、観客や罰金でした。しかし、プレッシャーになる要因は人によって異なります。実験では低不安の判定を受けた人でも、コースでの状況などが変われば、状態不安に陥ることも十分考えられます。その時点でのスコアであったり、気象条件や景色などの環境因子であったりと原因はさまざまです。つまりプレッシャー自体も毎回違うのです。

それに対しても、いつも機械のように同じことを試みようと対処するのではなく、その都度考えるのもいいのかもしれません。刻々と変化する環境やプレッシャーにどう適応するのか？それに対する対策や戦略をたて、それを試すことを楽しむような考え方や視点があってもよいのではないかと考えます。

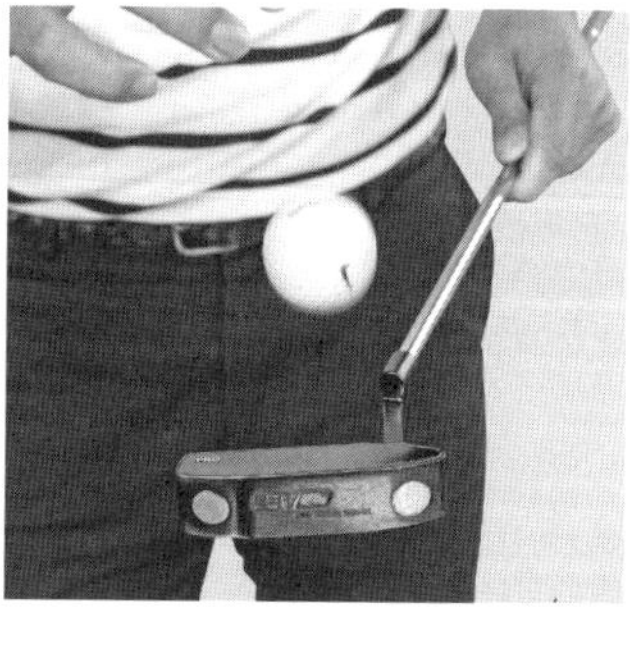

緊張によって振り幅が小さく、インパクトスピードが遅くなるのならば、それを補うためには弾きのよいパターやボールを使用するなどの対策も考えられる

［引用論文］
Hasegawa, Y., Koyama, S., & Inomata, K. (2013). Perceived distance during golf putting. Human movement science, 32(6), 1226-1238.

Subject #8

アンカリング的に動く部分を減らすとプレッシャーに強くなる

動く箇所（部分）を減らすことは技術の習得にも役に立つ

２０１６年からグリップエンドをカラダのどこかに固定してストロークするアンカリングスタイルでのパッティングが規制されたことはみなさんもご存知のとおりです。

このルール変更に対して、アンカリングをしていたプロたちの対策は大きく分けると、ふたつのタイプと考えてよさそうです。ひとつは、今までどおり長尺パターを使うけれども、アンカリングせずにカラダからグリップエンドを離して打つ方法です。

ふたつめは、通常の長さもしくは中尺パターに替えて、さまざまな握り方で打つ方法で、最近の流行は、クロウグリップという握り方です。

アンカリングを禁止とすべきほど結果をよくしていたのはどういうメカニズムなのか、という疑問が湧きませんか？

それについて、一般ゴルファーを実験参加者として、2016年のルール改正直後に発表された論文があります。題名は「動作を中枢で固定（アンカリング）することでパフォーマンスは向上する」。参加者は右打ちの大学生60名（うち女性37名）であり平均年齢は21・0±1・37歳、20名ずつをランダムに3つのグループに分けて実験を行なっています。全員が100回以上のパッティング経験をもっていました。

参加者は次の3つのグループにランダムに分けられました。

①スタンダードパター＝通常の長さのパターを使用
②非アンカーロングパター＝カラダの一部に固定せずに

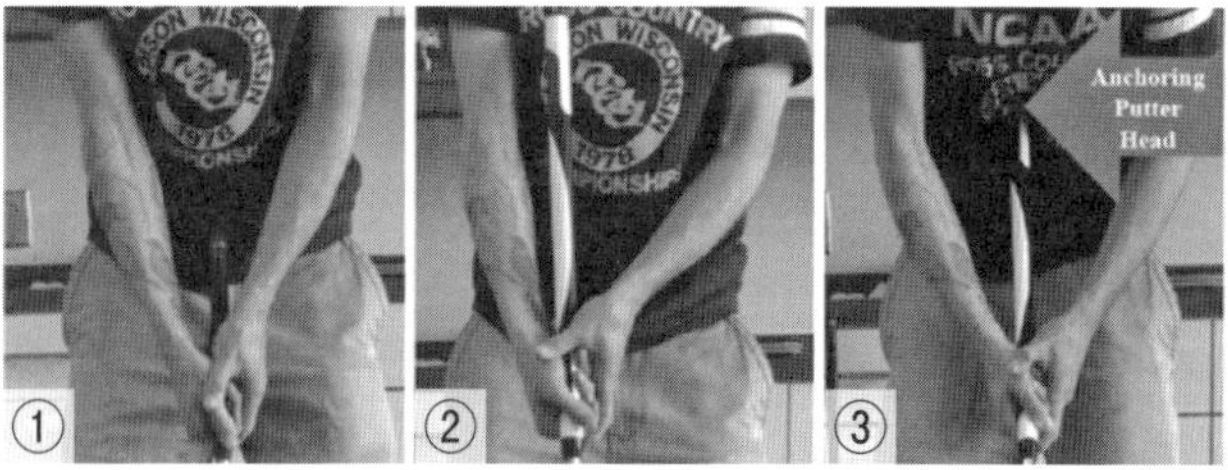

①スタンダードパター、②非アンカーロングパター、
③アンカーロングパター

ロングパターを使用
③アンカーロングパター＝カラダの一部に固定しロングパターを使用

3つのグループにはそれぞれ異なる条件を与え、プレッシャーの程度を変えて行なわれました。ひとつは低プレッシャー条件（最善をつくすことだけを指示する）で、もうひとつは高プレッシャー条件（先に同じ実験を終えたチームより結果がよい場合は20ドルの報酬を与える）です。

人工芝上で1・2メートル離れた位置に、マスキングテープで10・8センチの目標を作り、そこに向けてパッティングさせ、ターゲットからどのくらいボールが離れたのかを計測しました。はじめに練習として、30球を打たせたあと、ふたつの条件を課した実験試技を10回実施しています。

心理的不安状態の度合いを測定するアンケート調査と、モーションキャプチャーによるストロークの長さ、平均ストローク速度、およびインパクト速度、ボールの瞬間水平速度などが計測され、比較されました。

事実、アンカリングはプレッシャーに強かった

低プレッシャー条件では、3つのどのグループとも約14・4センチ～18・0センチのズレで、大差はありません（図26）。

しかし、高プレッシャー条件では、差がはっきり表れていいます。非アンカーロングパターでの高プレッシャー条件が最も悪くなっており、低プレッシャー条件のときに比べ、ズレが約4センチも大きくなっています。

一方、アンカーロングパター

図 26

3つのパター別、異なるプレッシャー下でのパッティング結果の違い

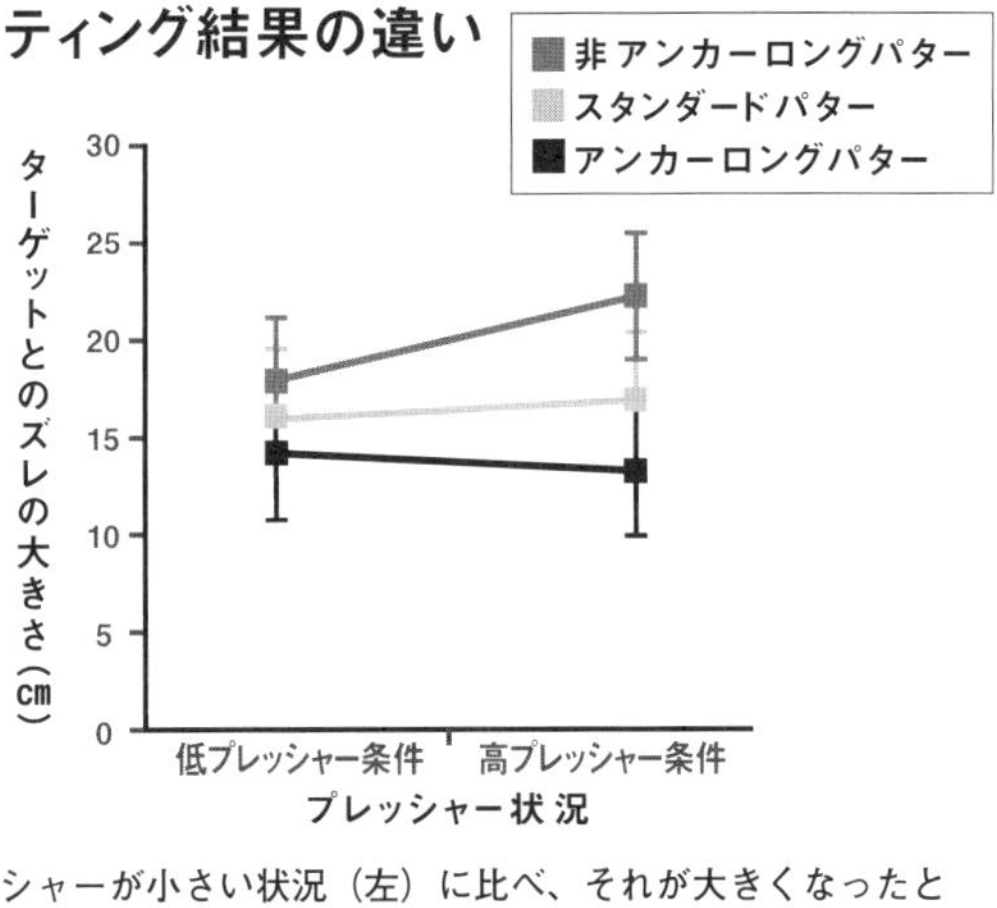

プレッシャーが小さい状況（左）に比べ、それが大きくなったときに（右）、アンカリングしないロングパターでは結果が悪くなり、アンカリングしたロングパターでは結果が微妙によくなっているようにも見える（統計学的には「ほとんど変わらない」という判定）

では、高プレッシャー条件においても結果がほとんど変わらなかったのです。

なお、モーションキャプチャーによる動作分析では、それぞれのパターとプレッシャー条件下の結果に、統計学的に意味のある差は確認されなかったと報告されています。

この研究でわかったこと

アンカリングをしてロングパターを使うと、プレッシャーが大きくても影響が少なく、いつもと同じような動きができる。アンカリングをすることで、カラダの余計な動きが減り、この結果につながっている可能性がある。

動く箇所（部分）を減らすことでプレッシャーに強くなる可能性

プレッシャーが小さい状況から大きくなったときに、アンカーロングパターだけがとくにほかに比べ、結果が悪くなることがありませんでした。

ここで考え合わせたいのが、前項の論文で報告されていた「プレッシャーが大きいときのショートパットでとくにストローク動作に違いが生じた」というエビデンスです。

具体的にはバックスイングが小さくなったり、ダウンスイングの動きに加速が生じるなどの変化が起きるということなのですが、アンカーロングパターには、プレッシャーが大きくなったときに出がちなこうした予定外の動きを抑える効果が期待できるということでしょう。

グリップエンドを固定しないパッティングでは運動の変動要素が多く、いろいろな軌道パターンや運動パターンが生じることがありえます。しかし、グリップエンドを固定することが、運動の方向や範囲、スピードなどを限定する。つまり、「好き勝手に動いてしまう」エラーを減少させるのです。

このことをロシアの生理学者ベルンシュタインは「自由度の凍結」と説明しました

(Bernstein, 1967)。そして、とくに大きなストレスのかかった状況やプレッシャーの大きな状況では、課題の複雑さを減少させるために「自由度の凍結」をとりいれ、動きをシンプルにすればいいと提案しているのです。ここで紹介した研究の結果はまさにグリップエンドを固定するという「自由度の凍結」がプレッシャーの大きな状況での好結果につながったと考えられます。

アンカリングと同じ「自由度の凍結」効果を得る方法がある

この実験の参加者については、技術レベルが明記されていませんが、熟練度はそれほど高くないと考えられます。熟練度が低いほど安定したストロークを繰り返すことがむずかしいものですが、アンカリングをしてストローク中に動く箇所（部分）を減らしたため、動きが安定したと考えられます。

このことから、**熟練度の低いゴルファーやパッティングが苦手なゴルファーは、感覚をつかむ手段としてアンカリングしてのパット練習が効果的となる可能性がある**ということが言えます。「自由度の凍結」によって身につけた技術や感覚は、熟練度が高まるにつれこれもベルンシュタインの言葉を借りれば「自由度の解凍」に向かっていきます。動きに制限があってやりづらかった動きが制限がなくなっても自在に動作できるようになって行くのです。このように、熟練度の低いゴルファーにとっては学習の方向が「自由度の凍結」→「自由度の解凍」へ向かうときに大きな効果を上げる可能性があると考えられます。

対照的に、熟練者はすでに高いスキルを身につけています。したがって、上記ベルンシュタインが述べているように課題の複雑さを減少させるために「自由度の凍結」をして結果を改善させようという方向性が見られます。これは学習としては「自由度の解放」→「自由度の凍結」へ向かう方向性です。アンカリングはまさにこれに当てはまるのですが、昨今のトーナメントでよく見られるようになってきたクロウグリップに代表される、動きに制限がかかるスタイルのグリップもまさに同じことなのです。

ヒジを曲げて腕で五角形を作り、この形を崩さないでストロークすることも自由度を制限する方法のひとつでしょう。パッティングの格言をみると意外にパットのグリップについては強く握ることをすすめるプロが多いことに気づきますが、それも同じ目的につながっていそうです。

パッティングに悩んだときは、このように、動きを制限する手段をいろいろ試してみるのもよさそうですね。

動きを制限するパッティングのスタイル例

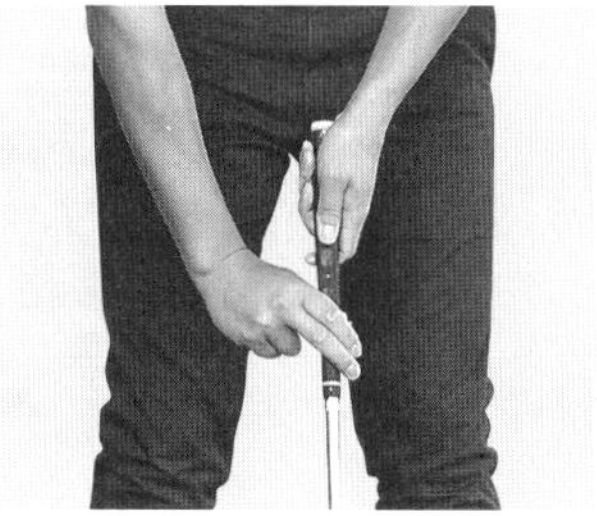

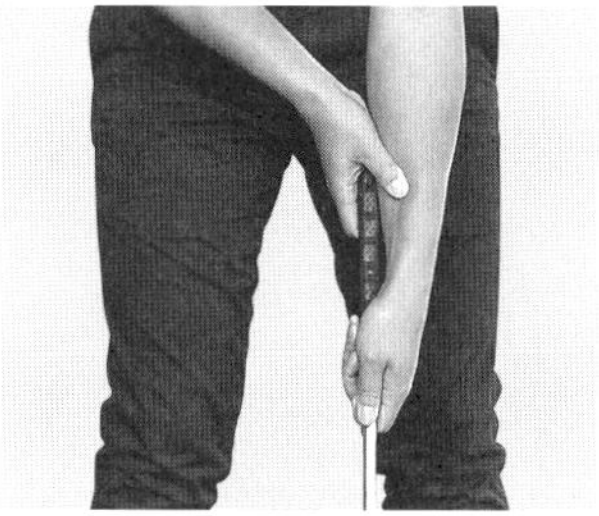

クロウグリップ(左上)、特殊なクロスハンド(右上)の例。右下のヒジを外に張り出して腕で五角形を作るタイプも含め、ストロークの方向や動きを制限することにつながり、安定感をもたらすことが期待できるスタイルだ

[引用論文]

Bernstein, N. (1967). The Coordination and Regulation of Movements. ed: Pergamon Press, Oxford.

Iso-Ahola, S. E., Dotson, C. O., Jagodinsky, A. E., Clark, L. C., Smallwood, L. L., Wilburn, C., . . . Miller, M. W. (2016). Improving performance by anchoring movement and "nerves". Hum Mov Sci, 49, 239-247.

Subject # 9

反省しすぎると自信レベルが低下し次の失敗を招いてしまう

プレーのあとに何をするかがメンタルを変え、結果を変える

前向きに考え行動することで、好結果が得られる。いわゆるポジティブシンキングが仕事や生活面で推奨されています。

しかし、ゴルフにおいては、そのような心理学的側面からのアプローチがまだまだ浸透しているようには思えません。とくにプロのレッスンを受けに来るタイプのゴルファーは、真面目で一生懸命、そして反省が得意という側面をもっているように感じます。コースでは失敗が起きるたびに、首を傾げ、腕を組み、怪訝な面持ちで素振りを繰り返すなどの行

動が多く見受けられるのです。

もちろんミスショットを反省し、失敗を分析することはとても大事です。でも、時にはそれらをしないこと、あるいは逆をすることが効果を上げる可能性もあるのです。ここでは、そのような問題の参考にしていただくために、1日〜2日間での短い期間でのフィードバックによってパッティング成績がどう変わったかという研究を紹介します。2012年に発表された論文です。

タイトルは「成功のフィードバックと失敗のフィードバックとの比較：自己信頼と活動性におよぼす差異検討」というもの。実験に参加したのは平均年齢19・5歳の女性40人でした。

方法は、床の上に敷かれたパターマットの上で4メートル先に設定された直径5センチのターゲットに向けてパッティングを行なうというものです。

ターゲットを中心に半径10センチ、15センチ、20センチ、25センチ、75センチの同心円のどこにボールが止まったのかによって得点がつけられました。ターゲットに近いほど高得点が得られる配点です。

実験1日目には、練習テストとして6球を1ブロックとして得点を集計します。これを10セット、合計60球を行ないました。

実験2日目には、パッティング能力が維持できているかを調べるため、同様の実験手順で〝保持テスト〟を行ないました。

ポイントは、研究参加者には、ボールがどこに停止したか確認できないようにしてあることです。その状態で1ブロック6球終了後に3球だけについて、結果が参加者に伝えられました。

参加者は2グループに分けられ、片方のグループAには結果のよかったほうの3球についての情報（成功のフィードバック）が、もう一方のグループBには結果がよくなかったほうの3球についての情報(失敗のフィードバック）が伝えられました。

そして、両グループの結果を比較したのです。

結果は図27を見てください。

どちらのフィードバックの方法であっても10回を経るなかで、点数が上がっていました。ただ、よい結果を伝えられたグループAのほうが、悪い結果を伝えられたグループBよりも結果がよくなる傾向を示しています。

2日目の最初に行なわれた〝保持テスト〟においても同様で、よい結果を伝えられたグループAのほうが好結果になっています。なお〝保持テスト〟の結果についての情報は参加者には与えられていません。

図 27

成功のフィードバックと失敗のフィードバックによる結果の変化の違い

10セット繰り返す中でどちらのグループとも結果は向上しているが、成功のフィードバックを与えられたグループAのほうがより好結果だ。その効果は2日目の最初の"保持テスト"に反映されている

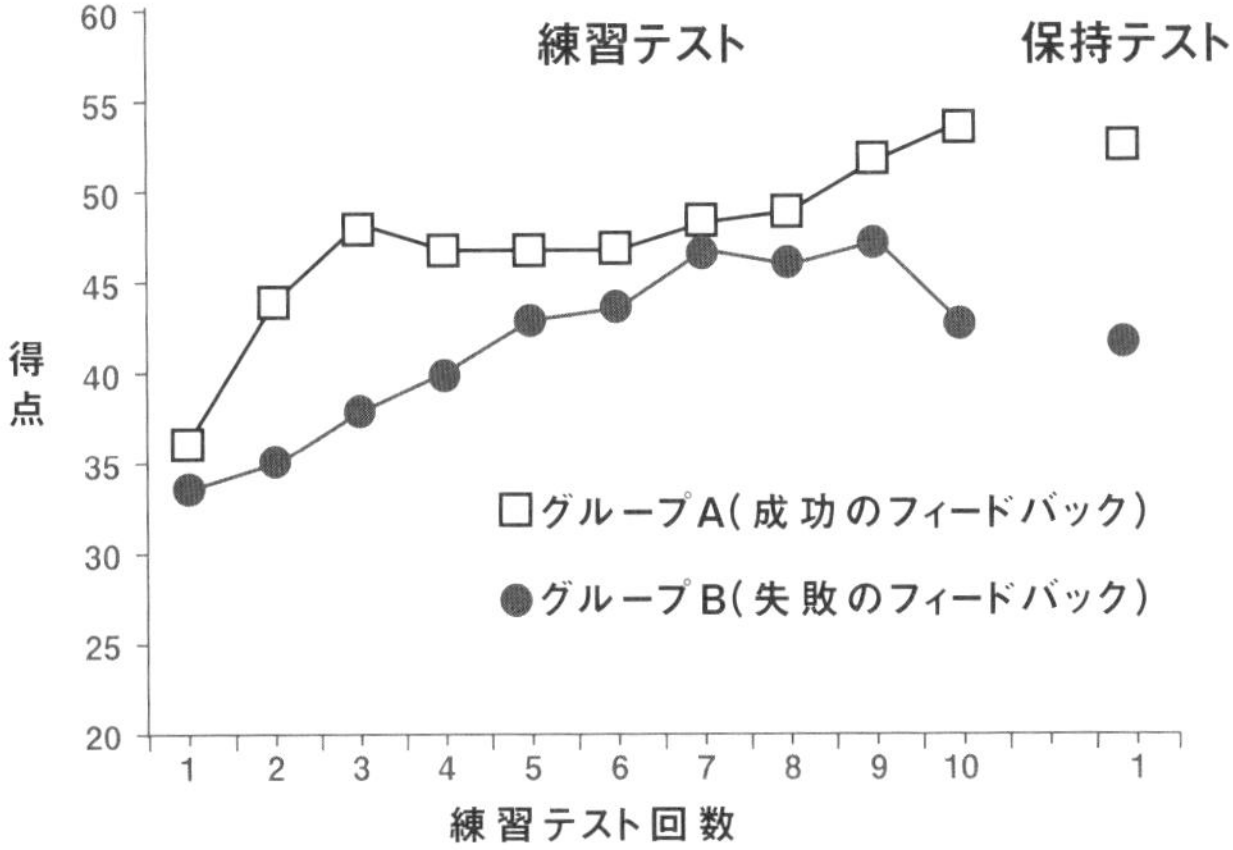

この実験でわかったこと

よい結果についてフィードバックするほうが、悪い結果についてフィードバックするよりも、次のよい結果を導きやすい。

よい結果をフィードバックされることで自信が高まっていく

この論文ではさらに2日目の〝保持テスト〟において、参加者の自信と身体的に現れた不安、結果についての不安に関する調査を行なっています(172ページ表8)。

よい結果を伝えられ続けたグループAでは、パッティングにおける不安が軽減され、自

信が高まるというデータが得られ、対照的に悪い結果を伝えられ続けたグループBでは自信が低く、不安が大きい傾向を示す結果となっています。

つまり、このような1日~2日の短期間で、「上達」という結果を残すことが求められるような場合では、よい結果を伝えられた場合のほうが不安を軽減し、自信をもってパッティングに臨むことができ、それが好成績に反映したという点は間違いなさそうです。

実際のゴルフに当てはめるならば、コースに出た場合はその日一日だけの短期の結果を求められます。その場合、ラウンド中もよいショットだけの結果や感覚をフィードバックするようにすれば、不安が軽減され、自信をもって打てる場面が増えると言えそうです。逆に悪いショットばかりをフィードバックすると不安が増加し、自信が削がれ、それがミスを引き起こすという悪循環を繰り返し、1日が終わってしまうことになりそうです。

ただし、これが言えるのは、短期の場合にかぎってです。長期的に考えた場合は今回の実験結果を反映できるかはわかりません。

とくに、技術的に明確な課題が提示されているような場合では、失敗したときのフィードバックも必要となりそうです。たとえば、練習場で指導者から教わった明確な課題があってそれがうまくいかなかった場合は、なぜうまくできなかったのかを考え、試行錯誤することは上達には必要です。しかしそうしたことはコースではなく、練習場での練習など即時的な結果を求められない状況で行なうほうが適しているでしょう。
注意していただきたいのは、こうした反省と試行錯誤を繰り返す〝習性〟は、コースラウンドに出た際にも顔を出しやすいということです。反省、つまり失敗のフィードバックの使い分けには十分に注意をしてほしいと思います。

表8

“保持テスト”における自信と不安に関する調査の結果

	グループA 成功のフィードバック		グループB 失敗のフィードバック	
	平均値	標準偏差	平均値	標準偏差
自信	29.30	4.48	25.20	4.49
身体不安	15.80	6.09	16.75	5.18
認知不安	20.20	6.78	21.50	5.44

状態不安には認知的・身体的の２種類があり、認知不安は典型的な不安の精神的要素（タスクと認知を行なうときのマイナスの期待懸念）、身体不安は急速な心拍の上昇、息切れ、手のしびれ震え、胃が痛い、緊張した筋肉などの身体的要素

２日目の最初に行なわれた“保持テスト”のタイミングで参加者の自信と身体不安、認知不安を評価する調査が行なわれ、成功のフィードバックを与えられたグループの自信は高く不安は低いという結果であった

打ったあとの習性を変えるだけで自信レベルが変わる

それでは実際のコースラウンドで不安を軽減し、自信をもってショットするための方法を紹介します。その日1日自信をもってプレーできるようにする方法です。

イメージのなかで、ふたつの箱を思い描いてください。ひとつは書棚のような「ライブラリー」、もうひとつは「ゴミ箱」です。

よいショットを打ったときは、打った感覚や弾道のイメージなどを再度確認し、自分の脳にある「ライブラリー」に収めてください。

ミスショットをしたときに、素振りやトップの位置を確認したりすることはナンセンスです。それはすぐに「ゴミ箱」に捨ててください。

よいショットをしたときにこそ、そのときのグリップの感じやバックスイングやトップオブスイングおよびインパクトでの当たった感覚を確認し入念にフィードバックをするように心がけるのです。みなさんがコースで不安を軽減し、自信をもったままプレーを続けられるよう願っています。

[引用論文]
Badami, R., VaezMousavi, M., Wulf, G., & Namazizadeh, M. (2012). Feedback about more accurate versus less accurate trials: Differential effects on self-confidence and activation. Research Quarterly for Exercise and Sport, 83(2), 196-203.

あとがき

たとえば、私の専門とするスポーツ科学分野における運動生理学やアマチュアスポーツにおけるコーチング書籍では、少なからず必ず海外のジャーナルや書籍からの引用文献を踏まえた記述がなされ、巻末には多くの文献を列記したリストが載っているものです。しかしながら、ゴルフに関する書籍ではこのような傾向が極めて小さいようです。この要因は、一般社会で最も人気のあるスポーツであるにも関わらず、それを研究する大学研究者が少ないことが影響しているのではないかと考えました。

また、ゴルフ関係者（ティーチングプロ含む）と私のような研究者が見ている情報の違いは、前者が一般に市販されている書籍に留まる場合が多いのに対して、後者はオンラインジャーナル（学術雑誌等）が主であるからではないかと推測しました。オンラインジャーナルはGoogleスカラから入手出来る論文も一部ですが、実はその多くの論文は各大学がそれぞれ総額数千万円単位をかけて契約をしていないと入手はできません。つまり、世界のゴルフ研究に関わる論文や書籍は、その内容が英語で書かれているせいもありますが、一部のものにしか情報が届いていないのです。ここにゴルフ界における国内の指導者と研究者との間における情報共有が深まらない原因があるのではないかと考えました。

私は立場上、多くの書籍や専門のジャーナルに触れることができます。また鈴木タケルプロが大学院を修了し、ゴルフ研究におけるエビデンスを現場に正しく伝えることのできる数少ない人材となったことが確認できたため、編集部の石川氏、ライターの長沢氏の厚いご支援のもと本書の発刊に至ったわけです。

鈴木プロと私はこれまで歩んで来た道のりは違いますが、現在向かう研究活動の方向性は揃ってきた感があります。鈴木プロが大学院で素晴らしいメンターのもと取り組んできた運動制御や認知心理学に関する研究成果は、これから海外のジャーナルや国際学会で多く発表されていくことになるでしょう。また、彼がいったんティーチングプロという肩書を置いて、今回の書籍にも登場する多くの研究者とも共通のコンセンサスをもち、学会発表し正しく意見を交わせるようになった姿に敬意を表します。真摯に自ら海外のジャーナルを選定し、統計学的な理解も持ちながら読みこなせるようになったことは涙が出るほど嬉しいことでした。これから日本プロゴルフ協会を代表する世界のゴルフエビデンスに基づくティーチングプロとして活躍されることを祈念します。

2018年1月　一川　大輔

著　者

鈴木タケル（すずき・たける）

父親がパーシモンクラブの職人だったこともあり幼少時からゴルフに親しみ、ツアープロを目指す。30 歳からティーチングの世界に進み、2010 年ティーチングプロ A 級取得。左打ちを取り入れた上達法「スイッチゴルフメソッド」を考案し 10 年 PGA ティーチングアワード奨励賞受賞。12 年には指導者を教える専門指導員に就任。理論と指導力には定評がある。国際武道大学大学院ほか、研究機関でゴルフを研究。ドイツ・ライプチヒ大学への 3 度にわたる短期留学を経験し、同大学公認コオーディネーショントレーナー資格を取得。1976 年生まれ。静岡県出身。

一川大輔（いちかわ・だいすけ）

東洋大学理工学部生体医工学科准教授。東洋大学スポーツ健康科学研究室（川越キャンパス）室長（http://kawa-pe.toyo-bme.jp/）。筑波大学大学院体育研究科修了（修士：体育学）、山梨大学大学院医学工学総合教育部修了（博士：医科学）。運動生理学，スポーツバイオメカニクスの専門研究者として活動。1976 年生まれ。富山県出身。

ワッグルゴルフブック

世界《せかい》のスポーツ科《か》学《がく》が証明《しょうめい》する

ゴルフ新《しん》上《じょう》達《たつ》法《ほう》則《そく》

2018年2月10日　初版第1刷発行

著　者……………………鈴木タケル、一川大輔
発行者……………………岩野裕一
発行所……………………株式会社実業之日本社
〒153-0044 東京都目黒区大橋1-5-1 クロスエアタワー8階
電話（編集）03-6809-0452
　　（販売）03-6809-0495
http://www.j-n.co.jp/
印刷・製本………………大日本印刷株式会社

ISBN978-4-408-33767-8（第一スポーツ）